Julius Platter

Der Wucher in der Bukowina

Julius Platter

Der Wucher in der Bukowina

ISBN/EAN: 9783743311916

Hergestellt in Europa, USA, Kanada, Australien, Japan

Cover: Foto ©Thomas Meinert / pixelio.de

Manufactured and distributed by brebook publishing software (www.brebook.com)

Julius Platter

Der Wucher in der Bukowina

SOCIALE STUDIEN

IN DER

BUKOWINA.

VON

Dr. JULIUS PLATTER
A. O. PROFESSOR AN DER UNIVERSITÄT IN CZERNOWITZ.

I.

DER WUCHER.

ZWEITER UNVERÄNDERTER ABDRUCK.

JENA.
VERLAG VON GUSTAV FISCHER
VORMALS
FRIEDRICH MAUKE.
1878.

DER WUCHER

IN DER

BUKOWINA.

VON

Dr. JULIUS PLATTER

A. O. PROFESSOR AN DER UNIVERSITÄT IN CZERNOWITZ.

ZWEITER UNVERÄNDERTER ABDRUCK.

JENA.
VERLAG VON GUSTAV FISCHER
VORMALS
FRIEDRICH MAUKE.
1878.

Nachdem in Folge der Petitionen des Vereins der Wiener Kaufleute, des Vereins für volkswirthschaftlichen Fortschritt, des Vereins »Gewerbebund«, des niederösterreichischen Gewerbevereins, des Wiener Grosshandlungsgremiums, des Gremiums der Wiener Kaufmannschaft, der juristischen Gesellschaft, des Vereins der österreichischen Industriellen und des Handels- und Gewerbevereins und in Folge der damals beim Beginn des mit dem Krach endigenden wirthschaftlichen Aufschwungs bei der österreichischen Regierung und Volksvertretung vorherrschenden Principien der Manchester-Schule durch das Gesetz vom 14. Juni 1868 nicht nur alle Beschränkungen des Zinsfusses, sondern überhaupt alle gesetzlichen Bestimmungen gegen den Wucher weggefallen waren, fasste der galizische Landtag (Bericht des Ausschusses über die Regierungsvorlage, betreffend Abhülfe wider unredliche Vorgänge bei Creditgeschäften, 648 der Beilagen zur VIII. Session des Abgeordnetenhauses) seit dem Jahre 1874 in drei nacheinander folgenden Sessionen dreimal den Beschluss, womit die kaiserliche Regierung aufgefordert wurde, für Galizien und Krakau ein Gesetz des Inhalts zu erwirken, dass bei Creditgeschäften der Höchstbetrag derjenigen Zinsen, welche der Richter zuerkennen, sicherstellen und im Executionswege einzutreiben bewilligen könne, auf zwölf vom Hundert auf ein Jahr festgestellt werde.

Der Bericht des Justizausschusses über den von den polnischen Abgeordneten in Folge dessen eingebrachten Antrag spricht sich (373 der Beilagen zur VIII. Session) dahin aus, dass die Ursachen für die übermässige, auch den fleissigsten und sparsamsten Besitzer ruinirende Höhe des Zinsfusses weit tiefer gelegen, dass sie schon vor dem Gesetze vom 14. Juni 1868 vorhanden gewesen seien und ihre traurige Wirkung geübt haben. Dieses Gesetz habe jedoch den Vortheil, dass die bedauernswerthen Uebelstände, welche bis dahin im Verborgenen geblieben, offen zu Tage traten, und dass nun die Regierung und Volksvertretung in die

Kenntniss dieser Uebelstände gelangen und dadurch in die Lage versetzt werden, auf die Hebung derselben hinzuwirken.

Diese Ansichten wurden im Jahre 1875 ausgesprochen. Dass die Regierung und Volksvertretung, die durch das Gesetz vom Jahre 1868 nach der Meinung des Justizausschusses in die glückliche Lage versetzt wurden, die bemerkten »tiefliegenden Uebelstände« zu beheben, diese glückliche Lage zu dem bezeichneten Zwecke nicht benutzten, ist gewiss. Die vom Ausschuss selbst vorgeschlagenen Mittel, als Volkserziehung, häufigere Anwendung der gesetzlich gestatteten Curatels-Verhängung wegen Verschwendung, die durch die Regierung und Gesetzgebung zu effectuirende Beschaffung billiger Capitalien, gute Processgesetze und ein geordnetes Grundbuchswesen konnten theils zu dem erwünschten Ziele gar nicht, theils nur in so ferner Zeit führen, dass die von den polnischen Abgeordneten vorausgesagte totale Zersetzung der gesellschaftlichen Zustände in Galizien und die dadurch herbeigeführte fürchterliche Katastrophe, welche ja eben durch jene Massregeln verhindert werden sollte, längst eingetroffen sein musste, bevor die in Anregung gebrachten Mittel selbst bei rascher Ausführung in irgend einem merklichen Grade ihre günstigen Wirkungen zeigen konnten.

Ja auch die vom Ausschusse des Jahres 1877, dessen Majorität zur Wucherfrage eine merklich veränderte Stellung genommen hatte, vorgeschlagenen Mittel (Beilage 648), nämlich die Errichtung einer Bank mit der Aufgabe, die Vorschusscassen in den Gemeinden einzuführen, die bereits bestehenden zu unterstützen und von den Steuern zu befreien, konnten zur Hebung der socialen Missstände nur langsam und nicht allzu viel beitragen, weil eine derartige staatliche Organisation des Credits in der Durchführung auf tausend Hindernisse und Schwierigkeiten stösst und schliesslich doch denjenigen am wenigsten hilft, welche die Hülfe am meisten nöthig haben.

Was Vorschussvereine in der Bukowina leisteten, werden wir später sehen, für Galizien hat uns Prof. Pilat in Lemberg durch seinen in der Statistischen Monatsschrift (II. Jahrgang. S. 499 ff.) veröffentlichten Aufsatz über die Erwerbs- und Wirthschaftsgenossenschaften in Galizien im Jahre 1875/76 einigen Aufschluss gegeben, indem er erzählt, dass die galizischen Genossenschaften sich meist durch hohe Dividenden auszeichnen, welche sie den Theilnehmern zahlen; Dividenden von mehr als 10 Procenten seien sehr gewöhnlich, es kämen aber auch solche von 15, 20, ja selbst 30 Procent vor und zwar bei Vorschussvereinen. Diese Vorschussvereine sind aber Vereine zu gegenseitiger Unterstützung, sie geben nur ihren Mitgliedern Darlehen, und — was insbesondere hervorgehoben werden muss — mehrere davon bestehen für grosse und kleine Landwirthe.

Ein Darlehen zu einem Procentsatz, den wirthschaftliche Thätigkeit niemals auf die Dauer oder überhaupt im Durchschnitt einbringen kann, nenne ich Wucher.

Sehr weit hinter diesem (rein wirthschaftlichen, nicht moralischen) Begriffe dürften auch die Manipulationen jener Genossenschaften nicht zurückgeblieben sein, da sie den übermässigen Gewinn lieber zur Erhöhung der Dividenden, welche ihrem Zwecke sehr wenig entspricht, als zur Herabsetzung des Zinsfusses benutzten, und da so hohe Dividenden sich mit einem billigen Zinsfuss doch wohl nicht vereinbaren lassen. Sie waren eben in einer gewissen Zwangslage, sie mussten, um den eigenen Credit zu heben und zu befestigen, womöglich reiche Leute als Mitglieder zu werben suchen und diese konnten nur durch die Aussicht auf hohe Dividenden gewonnen werden, so dass auch hier eine Bereicherung der geldbesitzenden Vereinsbrüder auf Kosten der geldbedürftigen stattfand, obwohl die Letzteren in Hinblick auf die sonstigen Creditverhältnisse des Landes immer noch einigen Vortheil hatten. Je mehr sich der Credit der Genossenschaft in der öffentlichen Meinung befestigt, desto günstiger wird sich ihre Wirkung gestalten, aber immer wird der Vortheil solcher Vereinigung auf verhältnissmässig kleine Kreise beschränkt bleiben.

Wenn also der eine Vortheil des Gesetzes vom 14. Juni 1868 jedenfalls nicht erreicht wurde, und zu seiner Erreichung — abgesehen vom neuen Wuchergesetze, welches gegen die damalige Ansicht des Justizausschusses endlich durchgeführt wurde — auch nichts Wesentliches versucht ward, so ist doch der andere, nämlich die Kenntniss der herrschenden Uebelstände, im vollsten Masse, wenn nicht erreicht, so doch ermöglicht worden.

Die vorliegende Abhandlung soll einen Beitrag zur weiteren Realisirung dieses Vortheils bieten.

Zwar hat die Enquête bei den galizischen Gerichten eine Menge von Daten über den Wucher in diesem Lande zu Tage gefördert, andere wurden von den Abgeordneten desselben Landes in den Debatten des Abgeordnetenhauses vorgebracht. Allein was von alledem durch den Druck in die Oeffentlichkeit gelangte, ist doch noch lange keine eigentliche Statistik des Wuchers, man würde in diesen Protokollen charakteristische Durchschnittszahlen und Mittelwerthe naturgemäss vergeblich suchen, da die Hervorhebung einzelner frappanter Fälle und Thatsachen für den besonderen Zweck vollkommen genügte. Und ausserdem dürfte es wohl Wenige geben, die sich aus den gedruckten Protokollen der Reichsraths-Sitzungen über die Natur und Bedeutung des Wuchers in Galizien zu informiren Lust haben, während eine exacte Kenntniss solcher abnormen Wirthschaftsverhältnisse nicht nur für die Gesetzgebung und Verwaltung des Staates, in dem sie vorkommen, sondern auch für die sociale Wissenschaft von nicht zu unterschätzender und vielleicht sogar principieller Bedeutung ist. Eine wirklich statistische Darstellung des Wuchers in Galizien lieferte Pilat (Statist. M. Sch. I. Jahrg. S. 506 ff.). Sie wurde in den Verhandlungen des Abgeordnetenhauses wiederholt und mit gerechter Anerkennung citirt und benutzt; dessen ungeachtet halte ich mich für berechtigt, den Gegenstand abermals zur Sprache zu bringen und zwar eines Theils, weil Pilat's Arbeit, sowie die Enquête und die Mittheilungen der Abgeordneten sich nur auf Galizien beziehen und die Bukowina gar nicht berühren, andererseits, weil eine noch eingehendere Darstellung des Phänomens, als selbst Pilat sie geliefert, gerade jetzt am Platze scheint, wo in Folge des neuen Wuchergesetzes vom 19. Juli 1877 nach meiner noch zu begründenden Ueberzeugung die greifbaren Erscheinungsformen des Wuchers von der Oberfläche des gesellschaftlichen Lebens alsbald verschwinden werden, während die ihnen zu Grunde liegende sociale Misère zwar davon unberührt zurückbleibt, aber in ihrer eigenthümlichen Natur und Wesenheit nicht mehr so leicht erkennbar, zum Mindesten nicht mehr statistisch fassbar werden wird. Zeigt sich ja doch im Creditwesen, dieser höchsten und letzten Efflorescenz des volkswirthschaftlichen Lebens, die Beschaffenheit und der Entwicklungsgrad eines socialen Körpers so klar und deutlich, wie in gar keinem anderen Erscheinungskreise. Eine hochentwickelte Wirthschaft bekundet sich nicht nur in der Niedrigkeit des Capitalgewinns, oder sagen wir für unseren Zweck praktischer des Zinsfusses, sondern ganz vorzüglich auch in der grossen Ausbreitung der Creditfähigkeit. Darum war es ein ganz falsches Raisonnement, als bei der Verhandlung des Wuchergesetzes im österreichischen Abgeordnetenhause aus der im Vergleich mit anderen, höher entwickelten Ländern geringen Zahl von executiven Feilbietungen in Galizien geschlossen wurde, dass das von den Polen behauptete Elend denn doch nicht in so hohem Grade vorhanden sein könne. Aus der absoluten Zahl der Executionen lässt sich, von ganz extremen, fast nie in grösserer Ausdehnung und durch längere Zeit vorkommenden Fällen abgesehen, überhaupt gar nichts Sicheres entnehmen. Könnte man die Zahl der Fälle, in welchen Credit gegeben wurde, sammt der rechtlichen und wirthschaftlichen Natur dieser Fälle eruiren und diese Zahl mit der der Executionen vergleichen, dann erst würde man sich auf dem Wege zur exacten Kenntniss des Creditwesens befinden, dann erst würde die Feilbietungsziffer in ihrer wirklichen Bedeutung erfasst werden können. Daran ist aber für das ganze Gebiet des Credits niemals, für den uns näher berührenden Realcredit aber erst bei vollständiger Durchführung des Grundbuchswesens, also in dem von uns betrachteten Lande noch lange nicht zu denken.

Wäre die Zahl der jährlichen Executionen — hier speciell der executorischen Feilbietungen von Grundstücken, da wir uns ja in einem höchst ursprünglichen Bauernlande befinden, wo von fahrender Habe fast gar nicht die Rede sein kann — für die wirthschaftlichen Zustände eines Landes in dem Sinne bedeutend, dass eine geringe Zahl glückliche, eine hohe missliche Zustände bedeutete, so würde die Bukowina jedenfalls in der Zeit der Wirksamkeit der alten Wuchergesetze ein wirthschaftliches Eldorado darstellen; denn wir finden im Jahre 1864 im ganzen Lande 57, im Jahre 1865 aber, einem Unglücksjahre mit einer totalen Missernte, 68 Executionen.

Der Bericht der Bukowinaer Handels- und Gewerbekammer für 1862—1871 bemerkt S. 5, dass das Jahr 1864 wegen häufiger Regengüsse eine entschiedene Missernte zeigte gegen 1862 einen Ausfall von durchschnittlich 50 Procent (S. 130), weshalb schon zu Ende dieses Jahres sich unter der gewerbetreibenden und ackerbauenden Bevölkerung das grösste Elend geltend machte (S. 5). Die Ernte von 1865 betrug kaum 9 Procent (?) einer Mittelernte (S. 130), und die Noth stieg 1865 und 1866 zu einer »unglaublichen, noch nie dagewesenen Höhe«. — Und trotzdem ein wahrhaft idyllisches Stillleben bei den Civilgerichten! Selbstverständlich konnten eine Menge von Anlehen, wenn sie etwa erst im Jahre 1865 contrahirt wurden, noch nicht in diesem Jahre zur Execution führen; aber was würde wohl in einem solchen Nothjahre in einem westeuropäischen Lande geschehen? Eine Unzahl von Darlehens- und anderen Creditforderungen, die in früheren Jahren begründet wurden, müssten eingezogen und daher die Zahl der Executionen enorm gesteigert werden. Dass es in der Bukowina anders kam — statt Schulden und Executionen der Hungertyphus in einer furchtbaren Ausdehnung — zeugt nicht für die wirthschaftliche Prosperität dieses Landes, sondern für seine wirthschaftliche Barbarei, es beweist unwiderleglich, dass hier zu Lande die Creditfähigkeit unter der Herrschaft des Wuchergesetzes nur auf eine verschwindend kleine Anzahl von Individuen beschränkt war.

Vom Jahre 1867 an, mit dessen Beginn das Gesetz vom 14. December 1866 in Wirksamkeit trat, welches die Zinsfussbeschränkungen einigermassen beseitigte, und insbesondere seit der Wirksamkeit des Gesetzes vom 14. Juni 1868 mehrten sich von Jahr zu Jahr die Executionen und erreichten im Jahre 1877, wo das neue Wuchergesetz beschlossen wurde, ihren Höhepunkt.

Aber die Zahl der executiven Versteigerungen von Grundstücken stieg 1875 doch erst auf 253, 1876 auf 375, war also noch immer recht bescheiden und im Vergleich mit viel besser situirten Ländern vermuthlich noch sehr niedrig. Wollte man jedoch aus der Bewegung der Zahlen seit 1867 auf die Ausbreitung der Creditfähigkeit, als auf einen durch die Gesetze von 1866 und 1868 herbeigeführten günstigen Erfolg schliessen, so würde man damit nur constatiren, dass man weder dieses Land kennt, noch von der Art und Weise des Zustandekommens des Strafgesetzes von 1877 oder von dessen Inhalt irgend welche Notiz genommen. Nicht die Creditfähigkeit wuchs durch das Wegfallen aller gesetzlichen Schranken des Wuchers, sondern nur die Bewucherungsfähigkeit. Denn man kann Denjenigen, der Darlehen nur unter Bedingungen bekommt, welche eine wirthschaftliche, für ihn erfolgreiche Verwendung derselben von vornherein unmöglich machen, der bei Contrahirung der geringsten Kaufschuld sofort und unrettbar dem wirthschaftlichen Ruin verfällt, doch unmöglich creditfähig nennen, und in dieser Lage befand sich in der Periode der manchestermässigen Ausbeutungsfreiheit die überwiegende Majorität der neugeschaffenen Creditfähigen.

Die Masse der Bevölkerung ist heute gerade so creditunfähig, wie vor 10 und mehr Jahren und das wird sich zeigen, wenn die Folgen des neuen Wuchergesetzes erst zu Tage treten, eines Gesetzes, das einen hohen, ja ungeheuerlichen Zinsfuss an und für sich gar nicht hindert und nur dem Betrug und der Uebertölpelung geschäftsunkundiger, geistesschwacher Nothmenschen strafend entgegentritt. Es wird sich zeigen, dass mit dem Wegfall des durch fast 10 Jahre legalisirten Diebstahls und Betrugs auch die scheinbar gewachsene Creditfähigkeit wegfällt oder vielmehr, dass sie nie vorhanden war.

Aus der absoluten Zahl der Executionen und aus der absoluten Höhe der jährlich exequirten Schuld lässt sich also, wenigstens auf unserem Gebiete, fast Nichts entnehmen.[1]

---

[1] Dass eine Menge von Schuldnern, um der Execution zu entgehen, ihre Güter »freiwillig« veräusserten, wurde von Pilat und den polnischen Abgeordneten vielfach nachgewiesen.

Aus einem Vergleich dieser Zahlen mehrerer Jahre, wie ihn Pilat für Galizien angestellt, erkennt man wohl den Anwachs und die Ausbreitung des Wuchers im letzten Decennium, aber sein inneres, viel bedeutungsvolleres Gefüge wird dadurch noch nicht klar gelegt. Es bis ins Detail und zwar auf dem Höhepunkt seiner Entwickelung aufzudecken, ist die Aufgabe der vorliegenden Schrift. —

Der Wucherer ist, wie jeder Schurke, misstrauisch, und weil er in früheren Zeiten für seine dunklen Thaten, wenn sie entdeckt wurden, Strafe erlitt, so wagte er es auch nach Aufhebung der Wuchergesetze noch lange nicht, ganz offen und frech zu hantiren; er wurde aber von Jahr zu Jahr sicherer darüber, dass er bei seinen Geschäften keine Gefahr laufe, und daher werden wir des Wuchers wahre Physiognomie am deutlichsten in den allerletzten Jahren hervortreten sehen und wählten darum zu unserer Untersuchung die beiden Jahre 1876 und 1877. Ihre äussere Erscheinung, die sich in der Zahl der Executionen und der Höhe der exequirten Schuldsummen darstellt, ist ganz und gar verschieden; wir finden in der amtlichen »Czernowitzer Zeitung«, der wir unser gesammtes Material entnehmen, im Jahre 1877 817 Executionsedicte, im Jahre 1876 noch lange nicht halb so viel, nämlich nur 375; dort eine exequirte Schuldsumme von 524,932 fl., hier von nur 173,586, also kaum ein Drittheil. Wenn sich trotz dieser äusseren Verschiedenheit die innere Beschaffenheit des Wuchers in beiden Jahren frappant ähnlich herausstellt, so werden wir wohl zur Annahme befugt sein, dass in beiden Jahren das typische Bild des zur Reife gelangten Wuchers deutlich zu erkennen ist.

Ob die im Verhältniss zu den vorausgegangenen Jahren ganz ungeheuerliche Ziffer der Executionen von 1877 schon mit dem neuen Wuchergesetze in Verbindung zu bringen ist, scheint mir zweifelhaft. In der »Gerichtshalle« vom 9. Mai 1878 wird in dem Aufsatz »über das Ergebniss der für Galizien erlassenen Gesetze, betreffend Abhülfe etc. im Krakauer Oberlandesgerichts-Sprengel in den drei ersten Monaten ihrer Wirksamkeit« die Thatsache mitgetheilt, dass im letzten Quartal 1877 sehr viele Processe aus früher abgeschlossenen Darlehensverträgen anhängig gemacht wurden, woraus, wie der Berichterstatter meint, die Absicht erhelle, die kleinen Capitalien dem Verkehr zu entziehen.

Für die Bukowina scheint diese vorläufige Wirkung des Wuchergesetzes im Jahre 1877 nicht oder nur in geringem Grade eingetreten zu sein, denn wenn wir die Zahl der Executionen von Quartal zu Quartal verfolgen, so ergeben sich
 im 1. Quartal 138 Exec.-Edicte
 „ 2.   „   187   „   „

im 3. Quartal 210 Exec.-Edicte
„ 4. „ 282 „ „

was dem regelmässigen Zuwachs so ziemlich entspricht. Man müsste nur annehmen, dass schon die Erwartung des Wuchergesetzes die Executionen vermehrt habe und zwar vom Beginn des Jahres an. Dem aber widerspricht vielleicht eine andere Erscheinung. Ich fand nämlich hier, was der Berichterstatter der »Gerichtshalle« ähnlich auch vom Krakauer Sprengel erzählt, dass im letzten Quartal 1877 gerade die schlimmsten gewerbsmässigen Wucherer bei der Execution plötzlich ihren Zinsfuss freiwillig und zwar durchschnittlich auf 12 Procent reducirten. Die Furcht vor dem Wuchergesetze begann also auch hier offenbar erst mit dem Eintritt der Wirksamkeit desselben sich praktisch zu äussern, aber noch nicht, oder doch nur sehr mässig in der raschen Einziehung der Capitalien. Die letztere Wirkung erfolgte in der Bukowina erst seit dem Beginne des Jahres 1878 in grossem Massstabe. Doch zeigt sich hier wie in Galizien in den mitgetheilten Thatsachen ein bemerkenswerthes psychologisches Moment. Gesetze wirken nicht zurück; Forderungen, die vor der Wirksamkeit des Wuchergesetzes contrahirt wurden, können nach wie vor in ihrem vollen Umfange gefahrlos vor Gericht geltend gemacht werden. Das weiss der Wucherer, der die nothwendige Gesetzeskenntniss sich praktisch erworben hat und dazu den Rath des Rechtsfreundes häufig benutzt, theoretisch ganz gut. Aber wie der Spitzbube, dem Niemand traut, auch selbst nichts von Vertrauen weiss, so fürchtet er, dass man ihn trotz Allem wegen seiner vergangenen Thaten zur Rechenschaft ziehen könnte und zieht seine Forderungen, selbst mit Verlust, d. h. mit weit geringerem als gewohnheitsmässigem Gewinn ein. Er traut auch dem Gesetze, er traut auch dem Richter nicht.[1]).

Sei nun aber die Ueberzahl der Executionen von 1877 in der Furcht vor dem Wuchergesetze oder in einer abnorm raschen Ausbreitung des Wuchers begründet, immer wird sich zeigen, dass derselbe der Intensität und Qualität nach schon 1876 auf seinen Höhepunkt gelangt war und dass wir mit den beiden Jahren den definitiven und unverhüllten Typus des freien und seiner Freiheit vollbewussten Wuchers in der Bukowina treffen.

---

[1]) Indess dauerte diese Besorgniss der Wucherer nicht lange, denn jetzt (1878) werden alte Schulden wieder mit aller Strenge exequirt.

1876.[1])

		Die Capitalschulden			Durchschnitt
I bis	50 fl. incl. betragen mit	86 Fällen	2519.08 fl.	29.29 fl.
II von	50—100 ,, ,, ,, ,,	81 ,,	7115.66 ,,	87.85 ,,
III ,,	100—500 ,, ,, ,, ,,	164 ,,	39321.47 ,,	239.76 ,,
IV ,,	500—1000 ,, ,, ,, ,,	24 ,,	17087.— ,,	712.— ,,
V über	1000 ,, ,, ,, ,,	16 ,,	107543.— ,,	6721.— ,,
		371	173586.21 fl.	

1877.[2])

	mit	159 Fällen	5190.22 fl.	32.64 fl.
I				
II	,,	207 ,,	17012.22 ,,	82.18 ,,
III	,,	350 ,,	80864.07 ,,	231.04 ,,
IV	,,	52 ,,	36471.— ,,	701.— ,,
V	,,	35 ,,	385394.— ,,	11011.— ,,
		803	524931.51 fl.	

Der wesentliche Charakter der Creditgeschäfte in der Bukowina erhellt schon aus diesen wenigen Zahlen. Wenn unter 1174 Executionsfällen nur 51 solche Schuldner treffen, welche für mehr als 1000 Gulden Credit genommen hatten, wenn im Laufe zweier Jahre 245 Menschen, die durchschnittlich eine Schuld von noch nicht 33 fl., 533 Menschen, die noch nicht eine Schuld von 88 fl., 1047 Menschen, die noch nicht eine Schuld von 240 fl. contrahirt hatten, aus ihrem Besitzthum, aus ihrem Heim vertrieben wurden, so ist es klar, dass der Credit in der Bukowina fast nur die Armen und Aermsten ausraubt oder dass es in diesem Lande fast nur arme Leute gibt, was beides gleich wahr sein dürfte.

In Procenten der Gesammtzahl der Fälle machen

				1876	1877
die Schulden bis		50 fl.	23.18 %	19.80 %
,, ,, von	50—100 ,,	21.83 ,, } 45.01	25.78 ,, } 45.58
,, ,, ,,	100—500 ,,	44.21 ,,	43.59 ,,
,, ,, ,,	500—1000 ,,	6.47 ,,	6.47 ,,
,, ,, über	1000 ,,	4.31 ,,	4.36 ,,
			100	100

Eine Differenz der beiden Jahre besteht nur für die beiden untersten und nächstverwandten Kategorien; fasst man sie zusammen, so ist die Uebereinstimmung frappant.

Ein Gesammtdurchschnitt des Schuldbetrags hätte, wie aus den oben angeführten absoluten Zahlen wohl von selbst erhellt, gar keinen Sinn und könnte den wahren Sachverhalt nur verwirren. Denn die Schulden über 1000 fl. fallen nur zum Theil noch in den Rahmen des heimischen Creditwesens. Das grosse Capital ist internationaler Natur, und wer in die Lage kommt, 20, 50, 70 Tausend Gulden aufzunehmen, der wendet sich natürlich nicht an die einheimischen Wucherer,

---

[1]) In 4 Fällen ist die Schuldsumme nicht angegeben.
[2]) In 14 Fällen ist die Schuldsumme nicht angegeben.

die ihr ganzes Geschäft mit wenigen hundert Gulden betreiben, sondern an grosse Credit-Institute. Deshalb können wir die Schulden über 1000 fl., als abnorme Einzelfälle bei unseren Betrachtungen meist ganz ignoriren, da es doch misslich wäre, aus der ohnehin sehr geringen Zahl die wirklich heimathsberechtigten wieder auszuscheiden. Der grosse Unterschied im Durchschnittsbetrage dieser höheren Schulden rührt nur daher, dass 1877 etliche sehr hohe Beträge, wie sie in einem so kleinen Lande eben nicht jedes Jahr vorkommen, zur Execution gelangten. Der Durchschnittsbetrag aller übrigen Schulden aber macht 1876 186.04 fl., 1877 181.69 fl., wofür 1123 Personen, selbstverständlich fast nur Bauern, exequirt wurden.

Natürlich stellen die genannten Schuldsummen nicht das gesammte Guthaben der Gläubiger dar; denn es kommen dazu noch Zinsen, Gerichtskosten, meistens Zinseszinsen und manchmal Conventionalstrafen. Allein andererseits ist zu bemerken, dass die Schuldner beiweitem nicht die angeführten Capitalsummen, sei es in Geld oder Waaren, erhielten, sondern viel weniger.

Es sind nämlich[1]) in den in den Licitations-Edicten als Hauptschuld angeführten Beträgen fast durchaus schon capitalisirte Zinsen mit enthalten. Der Vorgang ist folgender. Es wird der ursprüngliche Betrag hoch verzinst, worauf nach ungefähr 6 Monaten eine Abrechnung vor Zeugen stattfindet, bei welcher die Zinsen capitalisirt werden. Von der neuen, die ursprüngliche oft verdoppelnden Summe werden neue hohe Zinsen ausbedungen. Nach ungefähr einem Jahre findet sodann eine neuerliche Abrechnung statt, bei welcher die Zinsen abermals capitalisirt werden. Ueber die neue Schuld, welche jetzt den ursprünglichen Betrag um das Drei- und Mehrfache, auch manchmal um das Zehnfache übersteigt, wird ein Notariats-Schuldschein ausgestellt, in welchem neuerliche Zinsen bedungen werden, oder ein Wechsel acceptirt, letzteres namentlich von wohlhabenderen Schuldnern.

Auf diese Weise, fährt der »Fr. B.« fort, erreicht ein Darlehen von 50 fl. in 2 Jahren sehr leicht den Betrag von 300 fl., wofür Beispiele genug angeführt werden könnten.

Es wäre also durchaus irrig anzunehmen, dass die Executen der Jahre 1876 und 1877 wirklich einen mittleren Darlehensbetrag von 186 resp. 182 fl. erhalten haben, und es erklärt sich nach dem Vorausgegangenen, wie ich glaube,

---

[1]) Diese und andere Aufklärungen über den inneren Charakter der Creditgeschäfte habe ich der zuvorkommenden Güte praktischer Juristen in Czernowitz zu verdanken, welche einen übersendeten weitläufigen Fragebogen auf das Pünktlichste und Exacteste ausfüllten. Ich werde die betreffenden Mittheilungen stets mit »Fr. B.« bezeichnen.

wohl von selbst, warum in beiden Jahren die Classe der Schulden von 100—500 fl. weitaus den grössten Raum einnimmt, indem sie durchschnittlich 44 Procent aller Fälle umfasst. Es gelang eben den Wucherern, fast jede beliebige Schuld, mochte sie ursprünglich so klein sein als sie wollte, wenn ihnen daran lag, bis auf diese Höhe zu bringen. Sie noch höher zu schrauben, hatte in den meisten Fällen keinen Sinn, weil dann keine Bedeckung da war oder — was gewiss noch öfter den Ausschlag gab und sich im Folgenden erweisen wird — weil der Gläubiger seinen eigentlichen Zweck, den Schuldner zu expropriiren und sich selbst in den Besitz der versteigerten Realität zu setzen, schon erreicht hatte.

Sehen wir uns dieselbe Thatsachenreihe in den Jahren 1864 und 1865, wo noch die alten Wuchergesetze galten, flüchtig an, so finden wir, dass die Schulden

	1864	1865
von 500—1000 fl.	14.29 %	9.09 %
über 1000 „	25.00 ,,	31.82 ,,
	39.29 %	40.91 %

aller Fälle betrugen. Eine genaue Uebereinstimmung der einzelnen Posten beider Jahre ist nicht zu erwarten, da es sich in dem einen Jahre um eine Gesammtsumme von 56, im anderen um 66 Fälle, in denen die Capitalschuld angegeben ist, handelt. Aber die typische Verschiedenheit von Einst und Jetzt tritt doch schon auf das Deutlichste hervor. Die Schulden über 500 fl. betrugen in den Jahren 1876 und 1877 noch nicht 11 Procent aller Schulden, in den Jahren 1864 und 1865 betragen sie 40 Procent, also fast viermal so viel, und wir können wohl jetzt schon, ohne Widerspruch fürchten zu müssen, sagen: Die »Freiheit des Capitals«, wie sie das Gesetz vom Jahre 1868 inaugurirte, ist in einem Lande, wie die Bukowina, das Mittel, wodurch der geldbesitzende Theil der Bevölkerung den arbeitenden Theil der Bevölkerung auf formell legalem Wege der Früchte nicht blos seiner, sondern der Arbeit von Generationen beraubt.

Wenn wir in Folge der dargestellten Abrechnungs-Manipulationen unmöglich einen klaren Begriff von der Zinsenmasse, die der Schuldner schliesslich zu zahlen hatte, erlangen können, so ist uns doch in den Executions-Edicten ein Anhalt gegeben, um den mittleren Zinsfuss in der Bukowina wenigstens einigermassen kennen zu lernen. Wir finden nämlich etwa in der Hälfte der Edicte den Zinsfuss angeführt und haben die Mühe nicht gescheut, für jeden der 600 Posten, bei denen eine Procentangabe vorkommt, die jährlichen Interessen zu berechnen, um aus dem Vergleiche derselben mit der Capitalsumme den mittleren Procentsatz zu finden. Es ergab sich das Folgende:

1876

Bei den Schulden	Schuldsumme	Fälle	Jährl. Interess.	Durchschnittl. Procentsatz
I bis 50 fl.	1246.80 fl.	38	372.61 fl.	29.88
II von 50—100 ,,	4436.66 ,,	53	1548.62 ,,	34.90
III ,, 100—500 ,,	26243.11 ,,	108	9444.00 ,,	35.99
IV ,, 500—1000 ,,	11654.00 ,,	16	3438.31 ,,	29.50
V über 1000 ,,	43366.00 ,,	12	5476.12 ,,	12.63

1877

I	2363.57 fl.	69	867.66 fl.	36.71
II	9737.93 ,,	84	2532.72 ,,	37.59
III	39552.00 ,,	173	3652.13 ,,	34.52
IV	20392.53 ,,	29	6387.49 ,,	31.32
V	78021.00 ,,	18	8059.36 ,,	10.33

Bei den Schulden über 1000 fl. würde der mittlere Procentsatz nicht viel über 6 betragen, wenn nicht gerade bei den grössten Anlehen, die bei der österreichischen Nationalbank und Boden-Credit-Anstalt aufgenommen wurden, die Procentangabe in den Edicten unterblieben wäre. Der Zinsfuss dieser grossen Credit-Institute ist zwar bekannt, aber ich blieb dem einmal befolgten Grundsatz, nur diejenigen Posten in Rechnung zu ziehen, bei welchen der Zinsfuss ausdrücklich angegeben ist, auch hier treu.

Nimmt man alle übrigen Fälle, also alle Schulden bis 1000 fl., zusammen, so beträgt der mittlere Zinsfuss für dieselben

1876	1877
33.96 %	33.95 %

und es zeigt sich eine Harmonie des Wuchers, wie sie grösser nicht gedacht werden kann, eine Harmonie, die um so bewunderungswürdiger ist, da in den einzelnen Fällen die höchsten Extravaganzen vorkommen, so dass eine Betrachtung derselben zu dem Gedanken verleitet, es habe hier die Phantasie der Wucherer ein für sie erheiterndes Spiel getrieben.

Eine Zustands-Statistik des Zinsfusses hätte in höher entwickelten Ländern für normale Zeiten wenig Bedeutung. Das Geld hat, wie jede Waare, seinen Durchschnittspreis, der allgemein gegeben und bekannt ist. So wie sich der Preis einer Waare nicht nach der Persönlichkeit des Käufers in jedem einzelnen Falle besonders richtet, so ist auch das Geld zu einem landesüblichen, ortsüblichen oder auch geschäftsüblichen Zinsfuss zu haben; wer keinen Credit verdient, der muss nicht höhere Zinsen zahlen, sondern findet regelmässig keinen. Das ist die Physiognomie eines geordnet, ruhig und sittlich sich entwickelnden Wirthschaftslebens; sie trübt sich, wenn der Schwindel einreisst, wenn die Consumtions-Darlehen (Noth- und Luxusdarlehen) in Aufschwung kommen, wie es am meisten bei gewissen höheren, zur Verschwendung und zum ökonomischen Leichtsinn geneigten Classen der grossstädtischen Bevölkerungen der Fall ist, sie trübt sich endlich — und darauf ist heute im mittleren Europa hier wie in allen Gebieten der Social-Ethik gar ernstlich Rücksicht zu nehmen — wo jene Race, die wir als actives Subject des Wuchers in der Bukowina noch speciell kennen lernen werden, mit ihrer eigenthümlichen wirthschaftlichen Moral an Boden gewinnt. Wo aber jene Physiognomie noch einigermassen ungetrübt vorhanden ist, da lässt sich nur eine Bewegungs-Statistik des Zinsfusses für lange Perioden mit Aussicht auf werthvolle Resultate unternehmen.

Anders ist es in der Bukowina. Sowie man hier den richtigen Preis einer Waare sehr häufig nur in dem Falle bezahlt, wenn man ihn schon vorher wusste und auf das landesübliche Schachern vollkommen eingewöhnt ist, so wie man hier bei einem Rechtsgeschäfte, bei welchem Leistung und Gegenleistung nicht augenblicklich erfolgen, um vor vertragswidriger Uebervortheilung geschützt zu sein, einen schriftlichen, oder noch besser notariellen Contract abfassen muss, so gibt es auch keinen landesüblichen Zinsfuss, sondern der Zinsfuss hängt bei jedem einzelnen Darlehen nicht etwa von dem Risico des Geschäftes, zu welchem das Darlehen gegeben wird, noch von den Vermögensumständen, noch von der Vertrauenswürdigkeit des Schuldners, sondern von dem Grade seines Leichtsinns, seiner momentanen Noth, seiner Bornirtheit, ja seiner Betrunkenheit, und andererseits von der Bereicherungssucht, Frechheit, Nichtswürdigkeit, sagen wir mit einem Worte von dem Grade der Gaunerhaftigkeit des Gläubigers ab und wird dadurch rein individuell, so dass, wie v. Inama in einem sehr interessanten Aufsatze ("Jahrbücher für National-Oekonomie und Statistik" 1878) in der älteren deutschen Volkswirthschaft die Existenz eines objectiven Gebrauchswerthes nachgewiesen hat, wir hier von dem geraden Gegentheil desselben, von einem subjectiven Verkehrswerthe sprechen könnten.

Eine Musterkarte der Procentsätze wird uns dies beweisen. Wir nehmen der Kürze halber beide Jahre zusammen. Unter den 600 Fällen, in welchen der Procentsatz angegeben ist, finden sich

1 mal	$3\frac{1}{2}$	%	1 mal	16	%	44 mal	36	%
7 „	4	„	26 „	18	„	1 „	39	„
8 „	5	„	2 „	20	„	5 „	40	„
1 „	$5\frac{1}{2}$	„	12 „	24	„	12 „	42	„
172 „	6	„	3 „	25	„	1 „	44	„
1 „	8	„	2 „	27	„	2 „	45	„
2 „	10	„	12 „	30	„	1 „	46	„
4 „	12	„	2 „	33	„	79 „	48	„
43 „	15	„	1 „	35	„	9 „	50	„

1 mal	52 %		1 mal	73 %		1 mal	106 %	
1	„	53 „	2	„	75 „	2	„	109 „
15	„	54 „	1	„	77 „	1	„	116 „
2	„	55 „	3	„	80 „	5	„	120 „
63	„	60 „	1	„	82 „	2	„	122 „
1	„	61 „	2	„	84 „	1	„	123 „
1	„	64 „	1	„	86 „	1	„	128 „
1	„	66 „	5	„	96 „	1	„	185 „
1	„	70 „	2	„	100 „			
27	„	72 „	1	„	103 „			

Was die grosse Zahl der 6 procentigen Schulden betrifft, so finden sich darunter einige, bei denen der Staat oder eine öffentliche Anstalt als Gläubiger auftrat, einige, die noch aus älteren Zeiten stammen. Die Mehrzahl aber sind Wucherfälle, bei denen der Gläubiger nicht das Mittel eines hohen Zinsfusses, sondern einen anderen Weg wählte, nämlich den sog. Wucher am Capital, insbesondere durch das Medium des Wechsels. Es wird ein Darlehen gegeben und dafür ein Wechsel acceptirt, der das 3-, 4- und Mehrfache des gegebenen Betrages als Schuldsumme enthält. Die Gesammtzahl der Fälle, in welchen 15 und 18 Procent gefordert werden, rührt von den Geschäften zweier Credit-Institute her, auf die wir noch zu sprechen kommen werden. Der eigentliche Privat-Zinswucher beginnt also erst mit 24 Proc. Wir sehen aus dem Vorstehenden, dass der früher gefundene mittlere Zinsfuss von rund 34 Procent, so hoch er ist, dennoch den eigentlichen, wirklichen Zinsfuss noch lange nicht erreicht. Er mag aber als Basis unserer Betrachtungen dennoch genügen.

Die seltsamen, krummen und eckigen Zahlen, die hier als Zinsfüsse auftreten, bedürfen einiger Erklärung.

So wie die Ausbeutungswuth eine gewisse Höhe erreicht hat, wendet sie zu ihrer Verhüllung Mittel an, welche zwar jedem halbwegs den Namen eines Culturmenschen verdienenden Schuldner gegenüber einfach lächerlich wären, aber in diesem Lande offenbar ganz regelmässig ausreichen. Das einfachste und unschuldigste Mittel, das am häufigsten prakticirt wird, besteht darin, dass der Zinsfuss nicht für das Jahr, sondern für den Monat bestimmt wird. Der Gläubiger sagt: Du zahlst mir blos 4 per Hundert und Monat, und dem Schuldner erscheint die Zahl 4 so klein, dass er mit Vergnügen darauf eingeht. Raffinirter ist es schon, wenn der Gläubiger den von ihm beliebten Zinsfuss nicht in Procenten, sondern in absoluten Zahlen festsetzt, wenn er sagt: Du zahlst mir für die 48 fl., die ich dir gebe, monatlich blos 4 fl. Würde er 100 Procent verlangen, so könnte auch der stupideste Schuldner stutzig werden, aber 4 fl. monatlich scheint ihm erträglich. Sowie aber die Begaunerung den höchsten Grad erreicht, langt auch dieses Mittel nicht mehr aus. Der Gläubiger fordert nun für ein Darlehen von 40 fl. blos täglich 19 Kreuzer, eine Kleinigkeit, die den armen Bauer gar nicht geniren kann. Auf solche Weise sind die krummen Zinsfüsse wohl erklärlich. Aber das ist noch nicht Alles, was der Schuldner zu zahlen hat, es kommen dazu, wie schon gesagt, sehr oft Zinseszinsen, manchmal Conventionalstrafen und immer Gerichtskosten. Was die ersteren betrifft, so sei hier statt aller weiteren Ausführungen die Abschrift eines Edicts mitgetheilt, welches in der »Czernowitzer Zeitung« vom 7. August 1877 enthalten ist und als Typus für viele dienen mag. »Vom k. k. Bezirksgericht Suczawa wird hiermit bekannt gegeben, dass über Ansuchen der Caroline Gingold — zur Hereinbringung der Forderung derselben pr. 150 fl. sammt den hievon bedungenen in 3monatlichen anticipativen Raten à 18 fl. fälligen Zinsen von 4 fl. per Hundert und Monat und die vom Fälligkeitstage einer Zinsrate, sowie vom Fälligkeitstage des Capitals seit 19. März 1876 bis zur factischen Zahlung bedungenen Verzugszinsen von 5 fl. per Hundert und Monat — die executive licitative Veräusserung etc.«

Ein Commentar ist überflüssig; es wird schon schwer, den eigentlichen Zinsfuss des einzelnen Falles herauszubringen. Und der Wucherer gehörte diesmal sogar dem schwachen Geschlechte an, was übrigens keine Seltenheit ist.

Conventionalstrafen kommen in den von mir behandelten Edicten nicht sehr häufig vor. Freilich ist es möglich, dass sie sich oft hinter dem s. N. G. (sammt Nebengebühren) verbergen. Ein wahrhaft classisches Beispiel bringt die »Bukowina« vom 15. Juni 1878 mit folgender Rechnung, die aus einem in allerletzter Zeit publicirten Executions-Edicte entnommen ist:

Capital	100 fl.
45⁰/₀ Zinsen vom 15. Nov. 1875	115 ,,
Convent. Strafe per 2 fl. täglich vom 15. Nov. 1875	1880 ,,
Summe	2095 fl.

Der Betrag der Conventionalstrafe ist, wie man sieht, auf den 12. Juni d. J. berechnet. Sie läuft aber noch bis zum Erhebungstage des Licitations-Erlöses fort. Der Name des Mannes, der hier als Gläubiger auftritt, verdient aufbewahrt zu werden. Er heisst Basil Skalat.

Wie die Schuld durch Gerichts- und Executionskosten erhöht wird, ist einer eingehenden ziffermässigen Darstellung werth. Wir wählen dazu nur jene Fälle, in welchen neben den Kosten auch der Zinsfuss angegeben ist, weil wir nur diese zu einer beiläufigen Berechnung dessen, was der Schuldner schliesslich zu zahlen hat, benützen können. In den Edicten sind die Kosten der Insertion des Edicts in die Amtszeitung (sie erfolgt 3 mal und in 2 oder 3 Landessprachen), sowie die Kosten der Licitation nicht angegeben. Sie betragen zusammen 10.36 fl. bis 13.36 fl. (Fr. B.). Berechnen wir sie für alle Fälle — etwas unter dem Mittelwerthe — mit 11.50 fl. und fügen wir sie zu den ausdrücklich angegebenen Kosten hinzu, so zeigt sich das Folgende:

		1876		
Bei den Schulden	Schuldsumme	Kosten	Fälle	Durchschnitt
I bis 50 fl.	1246 fl. 80	1100 fl. 28	38	28 fl. 95
II von 50 - 100 fl.	4436 ,, 66	1764 ,, 09	53	33 ,, 28
III ,, 100—500 ,,	26243 ,, 11	3580 ,, 96	108	33 ,, 16
IV ,, 500—1000 ,,	11654 ,, —	572 ,, 91	16	35 ,, 81
V über 1000 fl.	43366 ,, —	789 ,, 97	12	65 ,, 83
		1877		
I	2363 fl. 57	2001 fl. 53	69	29 fl. 01
II	6737 ,, 93	2861 ,, 03	84	34 ,, 06
III	39552 ,, —	5970 ,, 40	173	34 ,, 51
IV	20392 ,, 53	1238 ,, 24	29	42 ,, 70
V	78021 ,, —	1081 ,, 13	18	60 ,, 06

Die Kosten betragen für sämmtliche Schulden bis zu 1000 fl. im Jahre 1876 im Durchschnitt 32.64 fl., im Jahre 1877 34 fl. Bedeutsam wird dies Bild aber erst, wenn man den Betrag der Kosten in Procenten der Hauptschuld ausdrückt. Darnach machen die Kosten

	1876	1877
bei I	88.25	84.68
,, II	39.76	42.46
,, III	13.65	15.09
,, IV	4.92	6.07
,, V	1.82	1.39

Procente der Hauptschuld und wollen wir hiernach berechnen, wie viel der Schuldner an Zinsen und Kosten schliesslich beiläufig zu zahlen hat und die Summe wieder in Procenten der Hauptschuld ausdrücken, so ergeben sich

	bei einjähriger Schulddauer		bei zweijähriger Schulddauer	
	1876	1877	1876	1877
bei I	118.13 %	121.39 %	148.01 %	158.10 %
,, II	74.66 ,,	80.05 ,,	109.56 ,,	117.64 ,,
,, III	49.64 ,,	49.61 ,,	85.63 ,,	84.13 ,,
,, IV	34.42 ,,	37.39 ,,	63.92 ,,	68.71 ,,
,, V	14.45 ,,	11.72 ,,	27.08 ,,	22.05 ,,
bis 1000 fl.	44.39 ,,	45.52 ,,	78.35 ,,	79.47 ,,

Dass selbst diese Ungeheuerlichkeiten noch weit von der Wahrheit entfernt sind, wissen wir schon. Wie sehr aber die Schuld noch insbesondere durch die Gerichts- und Executionskosten erhöht wird, das ist hier vollkommen klar gemacht. Dieses Unglück trifft aber gerade die ärmsten, die kleinsten Schuldner am schwersten, die Armuth muss hier wie sonst die höchste Steuer zahlen.

Man könnte nun noch immer den Einwand bringen, dass

ein hoher Zinsfuss nach den besonderen Verhältnissen des Landes nothwendig sei, dass der Gläubiger hier absonderliche Gefahr laufe und sich daher durch hohe Zinsen decken müsse. Von den Gegnern der Wuchergesetze im Allgemeinen und der gesetzlichen Zinsfussbeschränkungen insbesondere wurden solche Einwendungen gemacht. Der Abgeordnete Menger erklärte (Sitz. v. 26. April 1877) — ganz nach den Regeln der Schule, dass in dem Entgelte, welches der Darlehensnehmer über die geliehene Summe hinaus dem Geber leiste, nicht blos der Ersatz für den entgangenen Gebrauch der dargeliehenen vertretbaren Sachen vorhanden sei, sondern auch die Assecuranz-Prämie dafür, dass ja möglicher Weise das Versprechen nicht erfüllt werde. »Es ist weiter — und darauf bitte ich Ihr Augenmerk besonders zu richten, weil es besonders wichtig ist bei Beurtheilung der vorliegenden Frage — besonders bei kleinen Darlehen auch ein gut Theil Arbeitslohn in den Zinsen, welche geboten werden.«

Diese Theorie vom Arbeitslohn der Wucherer, die consequent durchgeführt auch zu einem Arbeitslohn der Diebe, Betrüger und Räuber führen würde, welcher etwa bei ihrer Ersatzpflicht in Rechnung zu ziehen wäre, wurde von demselben Abgeordneten in derselben Sitzung noch einmal vorgebracht und war von ihm schon 2 Jahre früher (4. Decemb. 1875) zum Besten gegeben worden.

Dagegen werden diese Arbeiter in einem amtlichen Berichte aus Galizien, der in dem Berichte des Ausschusses über die Regierungsvorlage (648 der Beilagen zur VIII. Session) citirt wird, wuchernde Müssiggänger« genannt und fand Menger eine specielle Widerlegung seitens des galizischen Abgeordneten Dunajewski, dessen Bemerkungen für unser Thema selbst so interessant sind, dass wir uns erlauben, sie wörtlich mitzutheilen: »Man muss zunächst den Landmann in Galizien dahin bringen, dass er ein Bedürfniss nach Geld empfindet, ein Bedürfniss, das den Ertrag seines Grundstückes übersteigt. Das ist eine gewisse Mühe. Man lockt ihn in ein öffentliches Local, zeigt ihm gewisse Waaren für seine Frau oder gewisse Spielsachen für sein Kind, man sagt ihm, wenn er eine Hochzeit oder eine Taufe zu feiern hat und nicht die Mittel besitzt, um recht grossartig aufzutreten — dass man ihm auf Borg und Credit Getränke liefern werde; das ist auch eine gewisse Arbeit. Man muss von ihm Grundstücke als Pfandobject verlangen, man muss ihn dazu bringen, vor einem Notar oder einem Privatschreiber irgend einen Schuldschein oder Wechsel auszustellen. Dann werden genaue Bedingungen über die Zeit der Zahlung und die Conventionalstrafen festgestellt, wenn die Zahlung nicht zum festgesetzten Termin geleistet wird. Ist das Alles geschehen, dann handelt es sich für den Gläubiger — darum, sich vom Landmanne, der ja, wie jeder Schuldner, am Anfang seiner Laufbahn redlich und gewissermassen furchtsam ist, wenn er einen kleinen Betrag angesammelt hat und sich dann zum Gläubiger begibt, um die Schuld pro rata oder im Ganzen zu bezahlen, sich nicht zu Hause finden zu lassen. Das ist auch eine Arbeit! — Diese Arbeit — verdient — einen strafgerichtlichen Lohn!« Vom Arbeitslohn können wir also bei dieser ganz und gar gaunerhaften Thätigkeit, welche ihren Gewinn in dem jedesmal klar vorherzusehenden, bewusstvoll gewollten und durch Uebertölpelung des Opfers herbeigeführten Ruin des Nebenmenschen sucht und findet, füglich absehen. Was aber die Gefahr betrifft, so können wir uns aus den Licitationsedicten über ihre Höhe wohl einigermassen unterrichten, indem wir den Schätzungswerth der Licitationsobjecte mit der Capitalschuld vergleichen. Es müssten zwar zur letzteren streng genommen auch die Zinsen und Gerichtskosten geschlagen werden, um die Deckung zu beurtheilen. Was die Zinsen betrifft, so haben wir schon bemerkt, dass in der als Hauptschuld edictaliter angegebenen Summe allermeistens schon eine solche Menge Zinsen enthalten sind, dass damit allein selbst ein Wucherer zufrieden sein könnte. Und den Durchschnittsbetrag der Gerichtskosten, den wir ja kennen gelernt, können wir leicht im Geiste hinzufügen.

Bei den Schulden	Fälle	Hauptschuld	Schätz.-Werth der licit. Real.	Durchschnittl. Schätz.-Werth
		1876[1]		
I bis 50 fl.	80	2357 fl. 45	24578 fl.	307 fl. 22
II von 50—100 fl.	79	6927 ,, 66	38638 ,,	489 ,, 09
III ,, 100—500 fl.	158	37883 ,, 47	175207 ,,	1108 ,, 90
IV von 500—1000 fl.	22	15603 ,, —	58692 ,,	2667 ,, 82
V über 1000 fl.	15	103243 ,, —	357438 ,,	23829 ,, 20
	354	166014 fl. 58	654553 fl.	
		1877[2]		
I	153	5035 fl. 56	54570 fl.	356 fl. 66
II	203	16709 ,, 22	89291 ,,	439 ,, 86
III	339	78655 ,, 07	396955 ,,	1170 ,, 96
IV	48	34181 ,, 53	123659 ,,	2576 ,, 23
V	33	384163 ,, —	943406 ,,	28588 ,, 06
	776	518744 fl. 38	1607881 fl.	

Mithin betrug der Schätzungswerth
                1876   1877
bei I das 10.4 fache   10.8 fache
,, II ,, 5.6 ,,   5.3 ,,

[1]) In den 4 Fällen, wo die Hauptschuld nicht angegeben ist, beträgt der Schätzungswerth 3047 fl., also der Gesammtwerth aller licit. Real., so weit er bekannt ist (nämlich in 358 Fällen), 657600 fl.
[2]) In den 14 Fällen, wo die Hauptschuld nicht angegeben ist, beträgt der Schätzungswerth 61058 fl., also der Gesammtwerth, soweit er bekannt ist, 1668939 fl.

— 23 —

	1876	1877
bei III das	4.6 fache	5.0 fache
„ IV „	3.7 „	3.6 „
„ V „	3.5 „	2.5 „

der Hauptschuld. Wir sehen daraus, dass es an Deckung nicht fehlte und dass die Gläubiger das Mass ihrer Vorsicht genau nach der Grösse des Guthabens richteten und zwar in umgekehrter Proportion. Der ärmste Schuldner war der Sicherste, selbst wenn man nicht ausser Acht lässt, dass seine ursprüngliche Schuld durch Zinsen und Kosten am meisten erhöht wurde. Zudem sind kleine Parcellen stets am meisten gesucht und also am leichtesten realisirbar. Bei den Schulden über 1000 fl., die doch einen so viel niedrigeren Zinsfuss zeigten, ist nicht nur die Deckung am geringsten, sondern es ist auch zu bedenken, dass darunter sich landtäfliche Güter, grosse, ja ungeheure Gütercomplexe finden, die schwer verkäuflich sind und auf denen auch noch andere Schulden haften können. Es zeigt sich also hier, dass es nicht die Gefahr des Verlustes ist, welche den kleinen Credit vertheuert, sondern dass der arme Mann nur deshalb stärker ausgeplündert wird, weil er vermöge seiner Geschäftsunkenntniss und anderer Eigenschaften, die ihn für den Betrug zugänglicher machen, leichter und frecher beraubt werden kann. Wir können dies noch auf eine andere Weise eruiren und dafür einen sicherern Beweis bringen. Es wäre nämlich, trotz der inneren Consequenz der obigen Zahlenreihen doch noch immer möglich, dass die Zahl der Fälle, in welchen der Schätzungswerth die Schuld nicht deckte, bei den kleinen Schulden grösser wäre, als bei den grossen. Suchen wir diese Fälle auf, und geben wir zur grösseren Sicherheit zur Hauptschuld auch noch die Gerichtskosten, so weit sie bekannt sind, hinzu, so finden wir

	1876				1877			
bei I	2 Fälle	unter	80	oder 2.50 %	5 Fälle	unter	153	oder 3.27 %
„ II	5 „	„	79	„ 6.33 „	11 „	„	203	„ 5.42 „
„ III	10 „	„	158	„ 6.33 „	21 „	„	339	„ 6.19 „
„ IV	2 „	„	22	„ 9.09 „	3 „	„	48	„ 6.25 „
„ V[1])	3 „	„	15	„ 20.00 „	2 „	„	25	„ 8 00 „

und in beiden Jahren zusammen

bei I	7 Fälle unter	233	oder	3.00 %
„ II	16 „ „	282	„	5.67 „
„ III	31 „ „	497	„	6.24 „
„ IV	5 „ „	70	„	7.14 „
„ V	5 „ „	48	„	10.42 „

---

[1]) Mit Hinweglassung derjenigen Fälle, wo die Hauptschuld mehr als 10000 fl. beträgt, wo also der exequirende Gläubiger nicht der einzige und nicht der erste zu sein braucht.

in welchen der Schätzungswerth der licitirten Realitäten den Schuldbetrag sammt den Kosten nicht deckte. Wir sehen hier noch viel deutlicher und entschiedener, dass der kleine Credit nicht jedem Beliebigen gegeben wird, sondern dass der Geldbesitzer mit der grössten Vorsicht seine Leute aussucht, so dass ihm der kleinste Mann der sicherste wird, dass seine Vorsicht mit dem steigenden Vermögen des Schuldners abnimmt und dass also das umgekehrte Verhältniss der Ausbeutungs-Intensität durch die »Assecuranz-Prämie« durchaus nicht gerechtfertigt ist.

Es geht zwar aus unseren berechneten mittleren Procentsätzen kein regelmässiges umgekehrtes Verhältniss zwischen Zinsfuss (Ausbeutungs-Intensität) und Schuldgrösse hervor. Wir können aber den Bestand dieses Verhältnisses mit aller Sicherheit annehmen. Denn gerade unter den kleinsten Schulden finden sich die meisten mit 6 Procent verzinst, und was diese 6 Procent zu bedeuten haben, ist uns bekannt.

An Deckung fehlt es also nicht, soweit dieselbe aus den Schätzungswerthen der licitirten Realitäten zu entnehmen ist, um so weniger, als dieser Schätzungswerth durchwegs sehr niedrig angenommen wird, wie uns Pilat in dem citirten Aufsatz (Stat. M. Sch. I. Jhrg.) für Galizien belehrt hat und wie es mein Fr. B. für die Bukowina bestätigt.

Eine andere Frage ist es, ob hier zu Lande die Realitäten, auch um einen niedrigen Preis, verkäuflich sind? Die zwei eben angeführten Quellen sagen aus, dass es »auf dem flachen Lande gewöhnlich an Käufern mangle« und »dass die Zahl der Kauflustigen bei der grossen Menge der feilgebotenen Realitäten eine geringe sei«. Dasselbe bestätigte der polnische Abgeordnete Rydzowski in der Sitzung vom 3. December 1874. Pilat bemerkt für Galizien noch insbesondere, dass die Realitäten »oft um einen Spottpreis« hintangegeben werden und mein Fr. B. sagt, dass der Kaufpreis in der Bukowina immer unter dem Schätzungswerthe liege. Also läuft der Gläubiger trotz Allem Gefahr, sein Guthaben nicht hereinzubringen?

Wir konnten schon aus der angeführten Rede Dunajewski's entnehmen, dass es sich um die Hereinbringung der Geldforderung in der Regel gar nicht handle. Der Schuldner kann ja regelmässig nicht einmal die Zinsen zahlen, es gelingt ihm vielleicht im ersten, zweiten Monat, aber dann bleibt er ganz sicher im Rückstand. Von der Rückzahlung des Capitals ist gar keine Rede. Und das weiss der Gläubiger selbstverständlich ganz genau. Es kommt daher zur Licitation. Beim ersten und zweiten Termin erscheint Niemand, der den Schätzungswerth oder mehr geben möchte; es kommt zum dritten Termin, wo die Realität auch unter dem Schätzungswerthe verkauft wird und nun erscheinen die Wucherer, die sich einander das Handwerk nicht verderben. Will der Gläubiger — und das ist der gewöhnliche Fall[1]) — das Grundstück, so nimmt er es zu dem ihm beliebigen Preis, d. h. einfach für seine Forderung, denn es würde ihm nichts nützen, es für noch weniger zu nehmen, da der Schuldner nichts weiter besitzt. Will er es nicht, so nimmt es ein anderer Wucherer, und der Erfolg für den Schuldner ist derselbe. Nachdem also der »Capitalist« sein Geld durch Wucherzinsen, wucherische Zinseszinsen, Conventionalstrafen, Abrechnungen u. s. w. verdoppelt, vervierfacht, verzehnfacht hat, fängt er sich mit der Angel seiner Niederträchtigkeit noch ein Extra-Goldfischchen aus dem Meere des socialen Elends heraus, indem er Hab und Gut des Armen um einen Spottpreis für seine legalen Ansprüche »übernimmt«.

Und darauf war es von vornherein abgesehen. Denn wer eine Handlung unternimmt, deren schliessliche Consequenz er unbedingt voraussehen muss, der muss diese Consequenz auch wollen, sonst wäre er ein Narr. Und Narren sind unsere Geldbesitzer keineswegs, sondern äusserst vorsichtige und kluge Leute.

Es ist auch sehr leicht, den Verlauf eines Creditgeschäftes vorherzusagen, wenn man nur weiss, zu welchem Zwecke der Credit in Anspruch genommen wird. Der Abgeordnete Menger unterschied (Sitz. v. 26. April 1877) drei Gattungen von Bewucherten: kühne Unternehmer, Leute in Nothlagen und endlich leichtfertige Patrone, denen kein Gesetz helfen könne. Von kühnen Unternehmern kann in diesem Lande, wo der Durchschnittsbetrag der gewöhnlichen Schulden 182 fl. ausmacht, nicht die Rede sein. Ob Nothlagen oder Leichtfertigkeit die vorwiegende Veranlassung zu Darlehen sind, werden wir untersuchen müssen.

Die polnischen Abgeordneten sind keineswegs geneigt, schlecht von ihren Landsleuten, den galizischen Bauern, zu sprechen, sie vertheidigten dieselben stets mit Eifer und wiesen üble Meinungen, die von anderen Seiten ausgesprochen wurden, mit Entrüstung zurück.

Wir sahen aber schon, wie Dunajewski auf die Hochzeiten und Taufen hinwies als Veranlassungen zum Schuldenmachen, weil da der Bauer »recht grossartig« auftreten wolle; dass die Getränke, welche der Wucherer zu solchen Gelegenheiten liefert, den Anfang zu des Landmanns Ruin

---

[1]) »Das exequirte Object wird in der Regel vom Gläubiger für seine Forderung selbst erstanden, so dass dem Executen nie etwas übrig bleibt« (Fr. B.).

bilden. Rydzowski bemerkt, dass die Darlehen fast nie zu productiven Zwecken geschlossen werden, sondern fast immer Consumtions-Darlehen seien. Was die beiden Polen mit Mass und Schonung ausdrücken, indem sie die Verschwendungssucht und den Leichtsinn der Bauern blos indirect und zu dem Zwecke, die üble Lage derselben und die Nothwendigkeit einer Abhülfe darzulegen, anerkennen, das wurde von anderen Seiten offener ausgesprochen. Schon der bereits citirte Bericht des Justizausschusses bemerkt: »In vielen Fällen, dies kann nicht unausgesprochen bleiben, sind wohl niederer Bildungsgrad und Charaktermängel des Schuldners: Leichtsinn, Mangel an Arbeitslust, Trunksucht u. s. w. als die eigentlichen Ursachen seiner Nothlage zu bezeichnen«. Der Bericht des Ausschusses von 1877 (648 der Beilagen, VIII. Sess.) bezeichnet »Schwerfälligkeit und Unbeholfenheit, Leichtsinn und andere minder lobenswerthe Eigenschaften« als natürliche Ursachen des in Galizien herrschenden Zustandes exceptioneller Zerrüttung der wirthschaftlichen Verhältnisse. Der Bericht des Ausschusses über den von der Regierung vorgelegten Gesetzentwurf, womit Bestimmungen zur Hintanhaltung der Trunkenheit getroffen werden (658 der Beilagen), erklärt: »Der übermässige Genuss geistiger Getränke hat im Galizischen Landvolke so erschreckende Fortschritte gemacht, dass sich der dortige Landtag (auch der Bukowinaer Landtag fasste in den zwei aufeinander folgenden Sessionen der Jahre 1875 und 1876 Beschlüsse, die Regierung um Massnahmen gegen die überhandnehmende Trunksucht der Bevölkerung anzugehen) in Folge zahlreicher Petitionen der Bezirks- und Gemeindevertretungen veranlasst sah, um den in leiblicher und geistiger, in sittlicher und wirthschaftlicher Beziehung gleich verderblichen Wirkungen dieser Calamität zu steuern, wiederholt, so namentlich in den Sitzungen vom 26. November 1872 und vom 28. Mai 1875 Beschlüsse zu fassen, welche auf die Erlassung strenger gesetzlicher Bestimmungen gegen die Trunksucht der Bevölkerung abzielten«.

Der Ausschuss bemerkt, dass, wo ein Laster in einer nicht blos Aergerniss erregenden, sondern die Salubrität und den Wohlstand eines grossen Theils der Bevölkerung in hohem Masse gefährdenden Weise an die Oeffentlichkeit trete, die Gesetzgebung nicht nur das Recht, sondern die Pflicht habe, den verheerenden Wirkungen desselben mit aller Entschiedenheit entgegenzutreten, dass man (da solche Gesetze auch in sehr fortgeschrittenen Ländern vorkommen) um so weniger Anstand nehmen dürfe, im Wege strafgesetzlicher Bestimmungen gegen dieses verheerende Laster dort einzustehen, wo die Bevölkerung sich notorisch noch auf einer beklagenswerth tiefen Culturstufe befinde«, dass in Galizien »ganze Gemeinden durch die Branntweinpest verheert und durch die Ausbeutung der in Folge übertriebenen Branntweingenusses immer häufiger eintretenden Unzurechnungsfähigkeit der Bevölkerung auch in wirthschaftlicher Beziehung vollständig ruinirt werden;[1]) dass der Fall nicht selten vorkomme, dass der Landmann für den während des Winters genossenen Branntwein die halbe Ernte des kommenden Herbstes an den Propinationspächter schulde«.

Das Alles bezieht sich vorzüglich auf die sittliche Qualität des Volkes; aber auch seine intellectuelle finden wir in authentischer Weise speciell geschildert. In dem Ausschussberichte (648) heisst es: »Fast alle Berichte, welche von den galizischen Gerichtsstellen in Betreff des Wuchers erstattet wurden, stimmen darin überein, dass eine sehr grosse Anzahl der Geschäftsformen, unter welchen die Creditgeschäfte in Galizien abgeschlossen werden — durch Beugung des an sich unfreien Willens des Creditnehmers, durch den Missbrauch der Verstandesschwäche, Unerfahrenheit in Geschäftssachen oder der Gemüthsaufregung derselben, welche nur allzu häufig von dem Creditgeber selbst herbeigeführt wird (wir hörten, auf welche Weise; aber der Bauer kennt den Wucherer, weiss oder kann es, wenn er nicht blödsinnig ist, wissen, dass jeder, der sich irgendwie mit demselben einlässt, unrettbar verloren ist), zu Stande kommen«.

In den erläuternden Bemerkungen zum Entwurf des Wuchergesetzes (563 der Beilagen) heisst es: »Wo die Fähigkeit mangelt, auch nur die einfachste Berechnung anzustellen, die rechtliche Bedeutung selbst eines einfachen Geschäftes zu erfassen, sich die Gefahren vorzustellen, welche mit gewissen Verpflichtungsformen verbunden sind: da kann es allerdings geschehen, dass auch ohne Anwendung der zum Begriff des Betrugs gehörigen Mittel Abmachungen zu Stande kommen, welche das Gepräge massloser Ausbeutung deutlich an der Stirne tragen und das noch so aus-

---

1) In dem cit. Aufsatz der »Gerichtshalle« wird mitgetheilt, dass im Krakauer Oberlandesgerichts-Sprengel vom 28. Sept. bis 31. Dec. 1877 3246 Personen wegen Trunkenheit angezeigt, 2435 verurtheilt, 362 freigesprochen, bei 339 aber am Schlusse des Jahres noch nicht rechtskräftig entschieden worden sei. Was mit den übrigen 110 geschehen, weiss ich nicht. — Die Zahl der Handeltreibenden in der Bukowina, unter welche auch solche Gewerbe wie Hôtels garnis (5), Kaffesieder (9), Mäkler (92), »Speculanten« (179) gerechnet werden, betrug am Schlusse des Jahres 1871 3718, darunter 1592 Schänker und Schankpächter. Die Gehilfen und Lehrlinge machen im Ganzen 2489, davon beim Schankgewerbe 1040. Also sind mit dem Handel beschäftigt 6207, mit dem Schankgewerbe allein 2632 oder 42.4 Proc.; unter den Unternehmern machen die Schänker und Schankpächter 42.8 Proc. Bericht der Handelskammer S. 300 ff.

gedehnte Gebiet wirklich wirthschaftliche Zwecke verfolgender Transactionen weit hinter sich lassen«.

Endlich bemerkt der Justizminister Dr. Glaser selbst (ein hervorragender Jurist, der sich mit der Wucherfrage in wissenschaftlichem Sinne speciell beschäftigt hat): »Es sind mir Bilder von ganz unglaublicher Beschränktheit und Indolenz, namentlich in den Beschwerden Einzelner vorgekommen, die von den Gerichten von Haus und Hof verjagt werden mussten, obgleich ihnen das schreiendste und unverkennbarste Unrecht widerfuhr, weil sie von den einfachsten Mitteln des Civilprocesses keinen Gebrauch machten, weil sie auf Wechsel, die sie ausgestellt, den ganzen Betrag sammt Zinsen abgezahlt, den Wechsel aber nichts destoweniger in der Hand der Gläubiger belassen haben und bei eingebrachter Klage es unterlassen hatten, die Einwendung der bereits geleisteten Zahlung zu erheben. Ich schildere Ihnen das, um Ihnen die Schichte des Geistes und des Bildungszustandes anschaulich zu machen, in welcher sich diese Vorgänge bewegen«.

Das Alles und noch mehr gilt auch von der Bukowina.

Auf die Frage: zu welchem Zwecke borgen die Bauern zumeist? wurde mir geantwortet: »Zur Anschaffung von Getränken, namentlich anlässlich von Kirchweihfesten und anderen hohen Feiertagen, anlässlich von Taufen und Sterbefällen, welche mit kostspieligen Mahlzeiten verbunden sind« (Fr. B.).

Welchen Grad von Schulbildung die jetzige erwachsene Bevölkerung haben kann, mag man daraus entnehmen, dass im Jahre 1875 in der Bukowina bei dem in Oesterreich gesetzlich (d. h. theoretisch) herrschenden allgemeinen Schulzwang 15.7 Proc. der schulpflichtigen Kinder die Schule wirklich besuchten. Die Bukowina nimmt in dieser Beziehung den untersten Rang in der Reihe sämmtlicher cisleithanischen Provinzen ein. Ihr zunächst steht Dalmatien mit 20.1 Proc., dann erst kommt Galizien mit schon 25 Proc. Das nächstfolgende Land, nämlich Istrien, zählt bereits 42.4 Proc. Wir sehen, wie weit der äusserste Osten und Süden zurück ist, trotz der überall gleichen Gesetze und können daraus wohl die nicht mehr neue Schlussfolge ziehen, dass es in Oesterreich keineswegs an guten Gesetzen, wohl aber an der nöthigen Energie in ihrer Durchführung, vielleicht auch an deren Möglichkeit fehlt. Wie weit es mit dem Schulbesuche — dessen minimale Grösse vorzüglich durch den Mangel an Schulen bedingt ist — in der Bukowina früher stand, können wir aus der einfachen Thatsache entnehmen, dass die Zunahme der schulbesuchenden Kinder seit 1871 in keinem der im Reichsrath vertretenen Königreiche und Länder grösser war als in der Bukowina. (Siehe Schimmer: Die österr. Volksschulen im Jahre 1875. Stat. M. Sch. II. Jahrg. S. 349 ff.) Der Bericht der Bukowinaer Handelskammer (der volle Titel lautet: Hauptbericht und Statistik über (!) das Herzogthum Bukowina vom Jahre 1862 — 1871. Herausgegeben von der Bukowinaer Handels- und Gewerbekammer. Lemberg 1872) bemerkt unter Anderem folgendes: »Das Streben der Regierung, auch den Gewerbestand durch Einrichtung von gewerblichen Fortbildungsschulen erwerbs- und concurrenzfähig werden zu lassen, wurde von dieser Kammer mit wärmstem Danke begrüsst; allein die verwahrloste Volksbildung lässt hier derlei Schulen zu keinem praktischen Resultate führen, denn der Fortbildung muss jedenfalls eine Vorbildung vorangehen, welche hier noch gänzlich mangelt. Unter 600 Lehrlingen in Czernowitz befinden sich nur 3 Proc., welche für einen gewerblichen Fortbildungs-Unterricht vorgebildet sind!« (S. 31.) Das heisst denn doch mit klaren Worten ausgedrückt: Bevor Ihr uns höhere Lehranstalten gewährt, bessert und vermehrt zuerst die niedrigen, sonst können wir damit nichts anfangen. — Seltsam nimmt sich freilich neben diesen Klagen über den elenden Zustand des Volksschulwesens und den niedrigen Grad der Volksbildung das Verlangen nach einer Universität aus (S. 33), welche »schon ein fühlbares Bedürfniss geworden sei«. Freilich werden wir gleich belehrt, dass diese Universität zunächst als »ein höchst beachtenswerthes Mittel für das weitere Emporblühen der Landeshauptstadt« in Betracht komme, also etwa die Function einer Garnison in einer sonst verkehrslosen Kleinstadt zu übernehmen habe [1]). Ja dieser Handelskammer-Bericht selbst, so interessant und mannichfaltig auch die von ihm gegebenen Mittheilungen sind — ist ein deutlicher Beweis für den kläglichen Zustand der Volksbildung in der Bukowina. Abgesehen von zahllosen groben Sprachfehlern, die sich darin finden, werden wir Seite 234 belehrt, dass die angeführten 3 Procent Lehrlinge in der Landeshauptstadt, die noch einigermassen unterrichtet sind, so dass sie »schlecht lesen und noch schlechter schreiben können«, aus der für einen gewöhnlichen Rechner etwas zu stattlichen Zahl von 30 Individuen bestehen und (S. 75) dass in Czernowitz jährlich 890 eheliche und 429 uneheliche Kinder geboren werden, woraus der seltsame Schluss ge-

---

[1]) Ein Czernowitzer Gemeinderath beklagte sich neulich in öffentlicher Sitzung über die hohen Steuern, und meinte schliesslich: »Wir schinden's eben den Beamten herunter«.

zogen wird, dass sich »demnach in Czernowitz alljährlich 48 Procent uneheliche Geburten herausstellen«. Wenn so etwas der Handelskammer passirt, wie kann man dann verlangen, dass der arme Bauer dem durchtriebenen Wucherer den verhüllten Zinsfuss nachrechnet? [1]) Zu solchen Merkwürdigkeiten stimmt vollkommen, was der erwähnte Handelskammer-Bericht über den erschrecklichen Zustand der Landwirthschaft in der Bukowina mittheilt: »Fast in allen Gemeinden gilt noch immer der altherkömmliche Brauch, dass die Feldfluren im Herbste gleich nach Abfechsung des Kukurutz (Mais) als Weide für alle Viehgattungen mit Einschluss des Borstenviehs geöffnet und hiedurch die später zur Fechsung gelangenden Feldfrüchte und Wintersaaten allen denkbaren Beschädigungen ausgesetzt werden, bis endlich oft erst im December oder Januar die grössere Kälte und eine ausgiebige Schneedecke dieser Verwüstung Schranken setzt. Mit dem Eintritte der wärmeren Jahreszeit und dem Abgange der Schneedecke beginnt der Austritt aller Hausthiere auf die Felder und Wiesen wieder und dauert diese Verheerung der Winterklee- und

---

[1]) Wenn man auf dem Markte in Czernowitz ein Dutzend Hühner kauft, das Stück zu 15 Kreuzer und nun dem Bauer weitläufig vorrechnet, dass man ihm 1.80 fl. schuldig sei, so glaubt er das zunächst nicht im Mindesten. Er holt sich von einem Nachbar eine Portion Maiskörner, zählt langsam 12 Häufchen von je 15 Körnern auf, und dann die 180 Korn für Korn zusammen. Die Procedur dauert lange genug, um die Geduld selbst einer lammfrommen Hausfrau auf die äusserste Probe zu spannen. —
Es sei mir hier gestattet, ein kleines Erlebniss mitzutheilen, welches ein hier garnisonirender Gensd'armerie-Officier, ein geborner Bukowinaer, mir mittheilte. Auf einer seiner vielen Dienstreisen begegnete er einem rumänischen Bauer und da ihm der Mann sonst gefiel, liess er sich mit ihm in ein Gespräch ein und examinirte ihn folgendermassen: Wie heisst dein Heimathsort? Der Bauer nannte ein naheliegendes Dorf. — Wie heisst der Bezirk, zu dem das Dorf gehört? Das weiss ich nicht. — Wie heisst das Land, in welchem du wohnst? Ja, das weiss ich auch nicht. — Wie heisst denn der ganze Staat, zu welchem dieses Land gehört? Ich habe nie etwas davon gehört. — Wer regiert denn über uns Alle? ist's ein Graf oder ein Fürst oder ein König oder ein Kaiser? Ich habe gehört, dass da hinten irgendwo eine grosse, grosse Stadt sei, die heisst Czernowitz und da wohnt ein mächtiger König. — Was hast du für eine Religion? O die ganz gewöhnliche, ganz gemeine, die nur für uns Bauern gehört. —
Solch ein Muster kann nicht isolirt vorkommen, es ist ein Exemplar aus einer Horde von Menschen, die trotz ihrer Zugehörigkeit zu einem grossen Staate in fast vollendeter Barbarei verblieben sind, obwohl sie zu Vertretern ihrer Interessen fast nur Bezirkscommissäre, Bezirkshauptleute und Regierungsräthe in den Landtag wählen. Im Reichsrathe ist die Bukowina gegenwärtig vertreten durch einen Statthalter, einen Landespräsidenten, zwei Regierungsräthe, einen pensionirten Statthaltereirath, einen Professor, der als Landesgerichtsrath gewählt wurde, einen Landeshauptmann, einen kaiserlichen Rath (ehemals Kaufmann) und einen Grundbesitzer.

Rapssaaten, sowie der natürlichen Wiesen bis zum 5. Mai, nämlich zum griechischen St. Georgstage, da erst mit diesem Zeitpunkte alle Feldfluren gegen das Betreten durch Hausthiere geschlossen werden. Dass unter solchen Verhältnissen ein rationeller Ackerbau bei allem Streben einzelner intelligenter Landwirthe nicht aufkommen könne, bedarf wohl keines Beweises. Aber selbst nach dem 5. Mai — hat der Landwirth gegen die Beschädigung seiner Saaten eine arge Noth zu bestehen, denn es ist fast in jeder Gemeinde üblich, dass einzelne Dorfinsassen das Vieh auf ihren Brachfeldern weiden und werden dabei die angrenzenden Saaten mit abgeweidet; andere begeben sich vor Tagesanbruch mit einem Gespanne in's Feld, mähen insbesondere die Klee- und Haferfelder der grösseren Grundbesitzer zu Grünfutter ab, und wenn die Gerste und der Mais zu reifen beginnen, so werden solche ebenfalls zur Nachtzeit entwendet. Mancher führt seine Pferde und Ochsen Abends zur Weide auf sein Brachfeld, er lässt dieselben aber ganz entlegen von seinem Felde bis zum Anbruch des Tages weiden. In gleicher Weise werden auch die Gemüse- und Obstgärten geplündert, ja sogar die Einfriedungen daran verschleppt, ohne dass sich der Beschädigte dagegen zu schützen vermag und ohne dass er selbst bei Eruirung des Thäters zu einer Entschädigung gelangt, wenn er nicht in der Lage ist, den langwierigen, zeitraubenden und kostspieligen gesetzlichen Weg einzuschlagen u. s. w.«[1])

Das Feldschutzgesetz vom 5. August 1875 mag wohl etwa die Zahl der Feldfrevel von 100 auf 90 herabgemindert haben, eine bessere Wirthschaft auf eigenem Grund und Boden konnte es selbstverständlich nicht herbeiführen, das könnte nur eine energische, systematisch vorgehende Verwaltung bewirken.

Wir sehen in wirthschaftlicher Beziehung Faulheit, Leichtsinn, Verschwendungssucht, verbunden mit gänzlichem Mangel aller Schulbildung eine so grosse Rolle spielen, dass

---

[1]) Wenn man in deutschen Ländern mitunter klagen hört, dass in manchen Dörfern der Düngerhaufen vor dem Bauernhause stehe, so steht er in der Bukowina allerdings nicht davor, aber auch nicht dahinter, sondern nirgends. Dafür ist oft das ganze Dorf eine Mistpfütze und mit der Mehrzahl der Städte und Märkte steht es ganz ähnlich. Die deutschen Ansiedelungen sind auszunehmen. Die deutschen Bauern düngen ihre Felder fleissig. Dagegen wird der gesammte in der Landeshauptstadt Czernowitz gewonnene Dünger mit grossen Kosten ungefähr eine Stunde weit von der Stadt weg gefahren, um in den Pruth geschüttet zu werden. Ein Czernowitzer Hausbesitzer, der in der Nähe Felder hat und das kostbare Material dafür verwenden wollte, wurde durch obrigkeitliches Verbot daran gehindert.

wir uns nicht wundern können, wie bei vollständiger Freiheit der niederen Creditgeschäfte immer mehr und mehr Individuen einer geringen Anzahl durchtriebener und unbarmherziger Geldbesitzer zum Opfer fielen. Der Bukowinaer Bauer ist ein sittlich und intellectuell vollkommen unentwickeltes Wesen, welches der ausgiebigsten Nachhülfe von aussen im höchsten Grade bedürftig ist. Und diese Hülfe fehlt ihm durchaus; der hohe Grad von Hülfs- und Rathlosigkeit in enormer Ausdehnung« bei dem galizischen Bauer, auf welchen der Justizminister aus den »sehr geringen Beträgen« schloss, welche den Anlass zur Einleitung oder Durchführung von Executionen geben, herrscht auch hier, und lässt sich auf dieselbe Art beweisen.

So finden wir z. B. im Jahre 1875 einen Fall, wo wegen einer Schuld von 90 Kreuzern eine Realität im Werthe von 250 fl. versteigert wurde, im Jahre 1876 Executionen wegen Beträgen von 1.36 fl., 2.50 fl., 3 fl., 23 Executionen wegen Schulden bis zu 20 fl.; im Jahre 1877 41 derselben Art.

Es drängt sich bei solchen Thatsachen die Frage auf: war denn wirklich Niemand in einem ganzen Dorfe, der dem armen Teufel, welcher von der Finanzprocuratur wegen einer Schuld von 90 Kreuzern an den Religionsfond von Hab und Gut vertrieben werden musste, mit dieser Bagatelle beispringen konnte und wollte? ist denn Niemand da, der Andere vor leichtsinnigem Schuldenmachen — und fast alle Schulden sind dem Leichtsinn zuzuschreiben — warnte, sie hinwies auf das Schicksal, welches ihrer wartete? gibt es denn keine öffentliche Meinung in den Dörfern, welche gebietet, dass man in der Regel bei Hochzeiten, Taufen, Sterbefällen und Kirchweihfesten keinen grösseren Aufwand mache, als man mit seinen Mitteln bestreiten kann? können es die Verwandten und Bekannten und Freunde wirklich über sich bringen, zu schmausen und zu prassen, wenn sie ganz bestimmt wissen, dass Haus und Feld des Festgebers durch ihren Magen in die Tasche des Wucherers wandert?

Wir müssten diese Menschen verdammen, wenn es nicht schon Unrecht wäre, sie auch nur anzuklagen. Wir haben ja keine organische Gesellschaft vor uns, kein Volk, keine Nation, sondern eine Summe von gleichwerthigen Exemplaren, nicht Individuen, keine Dorfgemeinde, sondern eine Anzahl neben einander gestellter Lehmhütten, von denen eine der andern so gleich sieht, wie ein Bewohner dem andern. Wir haben etliche sechzig Tausend Bauern, die bis vor dreissig Jahren, wenn nicht rechtlich, so doch factisch elende Leibeigene einiger wenigen hochmüthigen Landdespoten waren und sich heute noch wie Sklaven fühlen. Ihr düsteres, trauriges, gedrücktes Wesen, ihr sklavisch unterthäniges Benehmen gegen jeden besser Gekleideten fällt dem Fremden sofort schmerzlich auf. Es ist kein frischer Muth in diesem Volke, keine Lebensfreude. Wer je in eine der zahlreichen Schnapsbuden in Czernowitz im Vorübergehen einen Blick warf, der war gewiss erstaunt, wie eine so zahlreiche Gesellschaft so stumm und öde dasitzen konnte[1]). Irgend ein Lohnschreiber der grossen Grundbesitzer trat im Jahre 1848 mit einer Denkschrift (»über den Ursprung und die Entwickelung des Unterthanenverhältnisses in der Bukowina«) hervor, in welcher er beweisen wollte, dass die Bauern des Landes vor der österreichischen Herrschaft ganz frei gewesen, und dass erst durch die Wiener Regierung diese freien Bauern zu Unterthanen der Gutsherren gemacht, also geradezu ihrer Freiheit beraubt wurden, einer Freiheit, die jedoch nach den eigenen Angaben des Verfassers nur darin bestand, dass das ehemalige Verhältniss zwischen Bauer und Gutsbesitzer ein Pachtverhältniss war, welches von jedem Theile jederzeit gekündigt werden konnte. Selbstverständlich ward der Bauer, wenn ihm sein Gutsbesitzer kündigte, regelmässig zum Bettler und ihm konnte es wohl nie einfallen, dem Gutsherrn zu kündigen. Solche freie Pächter ohne Geld und Arbeitsmittel sind die vollendetsten Sklaven und es ist merkwürdig, dass ein Mensch der österreichischen Verwaltung einerseits den Vorwurf machen konnte, sie habe diese Sklaven zu Unterthanen herabgesetzt, andererseits beständig die Regierung wegen ihrer consequenten (?) Unterstützung der Bauern gegen die Gutsherren mit Anklagen überschüttet.

Der Bauer blieb nach wie vor ein armer, ganz von fremder Willkür abhängiger Arbeiter, und die 30jährige gesetzliche Freiheit hat die Jahrhunderte lange Herabwürdigung und Unterdrückung nicht wett machen können.

Wir haben keine organisch entwickelte Gesellschaft vor uns, wo über dem Niedrigsten ein Niedriger, über diesem ein Höherer und noch Höherer steht, bis zu den höchsten Ständen hinauf ohne Unterbrechung, so dass alle Glieder der Volksgemeinde durch zahllose Mittelglieder mehr oder weniger verbunden sind; wir haben Bauern und Juden, Geistliche und Grundbesitzer auf dem Lande, sonst Nichts. Das Handwerk ist in den Dörfern so gut wie gar nicht vertreten, und wo ein Handwerker oder Krämer etwa getroffen wird, da ist es meist ein Jude, dessen Stellung zur übrigen Be-

---

[1] R. Henke führt in seinem Buche über Rumänien (Leipzig 1877) einen Ausspruch des ehemaligen englischen Generalconsuls in Bukarest Wilkinson an, dessen Schluss lautet: »Der Mensch ist schwerfällig, ohne heftige Leidenschaften und Charakterstärke, und zeigt einen natürlichen Widerwillen gegen alle körperliche und geistige Anstrengung«. S. 30.

völkerung wir noch kennen lernen werden. Dem Pfaffen traut der Bauer oft nicht viel mehr als dem Juden, denn er weiss nur zu häufig, dass dessen Bestreben auf Bereicherung und auf Ausbeutung der ihm anvertrauten Heerde gerichtet ist. Schon General Splény, der erste Militär-Commandant der Bukowina, bemerkt in seinem Berichte vom Jahre 1776, dass »der griechisch-orientalische Regularclerus beim Volke seines eigenen Glaubensbekenntnisses in der Bukowina verhasst sei« (H. J. Bidermann: Die Bukowina unter österr. Verwaltung 1775—1875. 2. verbess. Auflage, Lemberg 1876).

Vom Secularclerus zu sprechen hatte der General damals keine Veranlassung; aber heute noch wird versichert, dass »bedauerlicher Weise in vielen [1]) Fällen der Clerus seine Stellung zu eigener Bereicherung ausnütze, dass Stolagegebühren im 10- bis 100fachen (?) Betrage dem Landmanne abgepresst werden, und dass sogar Fälle vorkommen, dass Landpfarrer dem Landmanne Darlehen gegen 50 und mehr Procent ertheilen« (Fr. B.).

Aber soll ihm denn nicht der Grossgrundbesitzer rathend und helfend zur Seite stehen? ist es nicht die natürliche Aufgabe dieses factischen Adels, seine höhere Gesittung und Einsicht und Macht und wirthschaftliche Kraft zur Hebung, zum Schutze, zur Besserung seiner kleinen, armen Nachbarn zu gebrauchen?

Aber unter den Bauern hat die Vergangenheit keine andere Tradition geschaffen, als die der Unterdrückung, der Sklaverei, der freventlichen Ausbeutung, daher des Hasses und der Feindschaft; und der Grundbesitzer betrachtet den Bauer nach wie vor als ein niedriges, thierähnliches, keiner Beachtung würdiges Wesen und behandelt ihn darnach. Ausnahmen mögen vorkommen, doch sind sie gewiss selten. Und als Muster und Vorbild zu dienen ist der Land-Magnat so wenig geeignet als der Bauer selbst. Denn er ist häufig der allergrösste Verschwender, der allerleichtsinnigste Wirth. Man glaube ja nicht, dass etwa die grossen Anlehen, welche diese Herren bei den Credit-Instituten der Reichshauptstadt machen, in der Regel zu wichtigen Wirthschaftsreformen, zu nachhaltigen Meliorationen, überhaupt zu productiven Zwecken gemacht werden. Die ungemessenste Verschwendung und Leichtfertigkeit führt den Mann zum Wucherer; [2]) die

---

[1]) Natürlich nicht in allen; denn es gibt gewiss auch Geistliche, welche wahre Hirten der Gemeinde sind und durch Lehre und Beispiel und werkthätige Hülfe zum Wohle derselben unendlich viel beitragen.

[2]) Es fährt mancher mit eigener Equipage und wohl mit 4 Pferden stolz durch das Thor eines Czernowitzer Hôtels ein, der nur hierher kommt, um mit den schäbigsten Wucherern zu verhandeln, vielleicht um die Prolongation eines verfallenen Wechsels zu bitten.

zu den höchsten Procenten und unter den fatalsten Bedingungen aufgenommenen Darlehen werden verjubelt und endlich, am Rande des Verderbens angelangt, entschliesst er sich, die leichtsinnigst gemachten Schulden durch ein grosses Anlehen in Wien zu decken — das hält seinen Ruin eine kurze Zeit auf; sowie er etwas zurückzahlen soll, ist er verloren und sein Besitzthum fällt der Execution anheim, so gut wie das des Bauern. Der Grundbesitzer nimmt Geld auf, so bald ihm welches angeboten wird, zum Schuldenmachen ist er stets bereit, zum Rückzahlen nie. Es wurde mir als etwas ganz Gewöhnliches mitgetheilt, dass Aristokraten, die sich gerade einen Spass machen wollen, für ein Darlehen von 200 fl. einen Wechsel auf 1000 fl. acceptiren, dass in Czernowitz Zusammenkünfte von Grundbesitzern stattfinden, um sich mit hohem Hazard-Spiel zu ergötzen. Das ist nichts Neues, es kommt in ähnlichen Gesellschaftskreisen überall vor. Neu aber dürfte es sein, dass hier zwar unter dem strengsten Geheimniss und bei verschlossenen Thüren gespielt, aber ein oder zwei schmutzige Kaftanjuden dennoch zur hohen Gesellschaft zugelassen werden. Geht einem der Spieler das Geld aus, so ist der Jude schon zur Hand und begnügt sich mit einem kleinen Wechsel, dessen Unterzeichner in kürzester Frist das 8—10fache des erhaltenen Betrags zu zahlen verspricht. Der Aristokrat spielt dabei den dummen Lumpen, der Jude den klugen; Lumpe sind sie beide und es ist die Frage, welcher ein grösseres Mass von Abscheu verdient.

Natürlich ist nicht Jeder blos deshalb, weil er in der Bukowina grosse Güter besitzt, als Verschwender zu betrachten. Wir finden unter den Grossgrundbesitzern in der Wählerliste des Jahres 1876 (Czern. Zeit. vom 22. Febr.) bereits über 10 Procent Juden, die von solchen Vorwürfen sicher nicht getroffen werden. Auch die Armenier sind meist gute Wirthe, wenn sie nicht zu sehr polonisirt sind. Aber von der grösseren Menge der nationalen Grundbesitzer weiss hier zu Lande Niemand etwas Vortheilhaftes zu sagen, weder in wirthschaftlicher, noch in moralischer Beziehung. Sie sind fast alle schwer verschuldet und werden zumeist dem wohlverdienten Schicksal der executiven Enteignung, das schon so viele von ihnen getroffen, nicht entgehen. Wir finden in den Licitations-Edicten des Jahres 1877 allein fünf Namen mit grossen Schuldsummen, welche unter den 117 Posten der bezeichneten Wählerliste vorkommen und ausserdem vier grosse Grundcomplexe ohne Angabe des Schuldnernamens, blos mit Bezeichnung der zur Licitation gelangenden Herrschaft. Unter 117 neun in einem Jahre, das ist wohl genug. Es befinden sich unter diesen vermuthlich zwei blosse

Mitbesitzer (da die Güter oft in Bezug auf das Eigenthumsrecht getheilt werden), aber es ist immer genug, selbst wenn es blos sieben wären.

Dass der Landmann bei solchen Herren weder Rath noch Hülfe finden kann, ist gewiss. Er mag froh sein, wenn ihm nichts Schlimmeres passirt. Da finden wir im Jahre 1877 in unseren Edicten einen Baron, der einen armen Teufel wegen einer Schuld von 13.30 fl. aus einem Besitzthum im Werthe von 315 fl. vertreibt. Vielleicht war der Schuldner ein Nichtsnutz, der keine bessere Behandlung verdiente? Möglich; aber wie konnte der edle Herr dann einen Zinsfuss von 30 Procent anlegen? für eine so erbärmliche Summe verlangt ein Aristokrat von einem kleinen Bauer 30 Procent! Er war in seinem Rechte, denn die Gesetze verboten damals den Wucher nicht. Aber ein Wucherer war er dennoch und heutzutage würde er vermuthlich für ein solches Geschäft eingesperrt. Indessen ist dies ein einzelner Fall und wir können dafür nicht ohne Weiteres eine ganze Classe verantwortlich machen, wiewohl es auffällig bleibt, wenn ein Mitglied einer vornehmen, reichen und aus tüchtigen Wirthen bestehenden Familie dergleichen zu unternehmen wagt.

Aber auf etwas Anderes müssen wir aufmerksam machen, auf eine Art des Wuchers, die in den Verhandlungen des Reichsraths mit keiner Silbe zur Sprache kam, gegen die das Wuchergesetz vermuthlich keine Abhülfe schuf, die aber dennoch sehr häufig vorkommt und den Ruin des Landmanns vielleicht wesentlicher als der Geldwucher befördert: auf den Wucher, dessen Object die menschliche Arbeit ist.

»Der Bukowinaer Landmann, in hohem Grade leichtsinnig, borgt nicht allein beim gewöhnlichen Wucherer, sondern auch beim Grundbesitzer, welcher ihm das gewünschte kleine Darlehen auf Rechnung der zugleich vereinbarten, zu leistenden Feldarbeit gewährt. Hiebei wird die Arbeit zu einem Preise bedungen, der unter dem Masse des allermindesten Lohnes steht, so dass der Landmann zur Acker- und Erntezeit, wo er doch sonst einen Lohn von 30—80 Kreuzer täglich verdienen könnte, um 5—10 Kreuzer täglich arbeiten muss. Es kommen sogar Fälle vor, in welchen der Landmann für die Zinsen eines kleinen Capitals (etwa 10—20 fl.) alljährlich eine bestimmte Bodenfläche bearbeiten muss, so dass er die Acker- und Erntezeit nutzlos verliert und immer Schuldner des Gutsherrn bleibt« (Fr. B.).

Wir haben also hier eine Form des Wuchers, die alle bisher dagewesenen an Intensität weit übertrifft, nur die ärmsten der Armen (Häusler und kleine Bauern) aussaugt und von den Reichsten angewendet wird, um die aufgehobene Sklaverei vergangener Zeiten in der abscheulichsten Form wieder herzustellen. Nach alledem darf es uns nicht wundern, dass der Bukowinaer Bauer stupid, leichtsinnig und träg ist, dass er für einen augenblicklichen Genuss sorglos die Grundlage seiner Existenz sich vom Wucherer unter den Füssen wegziehen lässt.

Wenn der polnische Abgeordnete Kowalski (Sitz. v. 4. Dec. 1875) bemerkte: »Man hat nicht getrachtet, früher das Volk zur Sparsamkeit und Mässigkeit anzuleiten, man hat es unterlassen, namentlich das Landvolk gehörig zu belehren, dass ein Grundwirth nur in äusserster Noth und blos zu productiven Zwecken ein Darlehen contrahiren darf«, — und damit etwa einen Vorwurf gegen die Staatsregierung erheben wollte, so möchten wir fragen, welche Regierung in der Welt jemals die Bauern speciell darüber belehrt hat, unter welchen Umständen und Cautelen sie Geld borgen dürfen? Die unteren Classen bedürfen der Leitung und des guten Beispiels der mittleren und oberen und wo diese selbst nichtsnutzig sind, da fällt die Verantwortung für den verwahrlosten Zustand der kleinen und kleinsten Leute viel weniger auf sie selbst, als auf jene.[1])

Wir wollen hiermit die Staatsverwaltung keineswegs aller Sünden lossprechen. — Wenn in Festschriften, wie solche zur Feier der 100jährigen Vereinigung der Bukowina mit Oesterreich von Ficker, Bidermann und Mikulicz verfasst wurden, fast nur auf die Fortschritte hingewiesen wird, welche das Land in den letzten 100 Jahren gemacht hat, so ist das dem Zwecke solcher Schriften, die nur zur Erhöhung der Feststimmung und zum Ausdruck der loyalen Gesinnung ihrer Verfasser dienen sollen, ganz entsprechend. Wer aber diese Schriften ohne weitere Kenntniss der wahren Zustände des Landes liest, der könnte leicht auf den Gedanken kommen, dass hier schon Alles in bester Ordnung, dass hier schon genug des Vortrefflichen geleistet worden, und das wäre ein grober Irrthum. Dass ein kleines, fruchtbares,

---

1) Und ausserdem sollten sich speciell die Polen daran erinnern, dass, als mit der Einverleibung der Bukowina in Galizien auch die Leitung der vom Kaiser Josef II. gegründeten Volksschulen dahin überging, im Jahre 1793 vom Lemberger Gubernium die Anordnung erging, dass der Schulzwang in der Bukowina aufgehoben und die Errichtung von Volksschulen dem freien Willen der Gemeinden überlassen werde. »So wurde der weisen Absicht Kaiser Josef's II. — die Spitze abgebrochen, indem man von Lemberg aus nicht der Vermehrung, sondern geradezu der Verminderung der in der Bukowina schon bestehenden Schulen die grösste Aufmerksamkeit zuwandte, welcher Zweck recht bald dadurch erreicht war, dass die im Jahre 1792 vollständig eingerichteten 32 Schulen nach und nach mehrentheils aufgelassen wurden.« Das kathol. Consistorium in Lemberg entliess nämlich alle Lehrer, die nicht Katholiken werden wollten und hob die betreffenden Schulen auf. Handelsk.-Ber. S. 383.

dünnbevölkertes, aber von einer culturfähigen Race bewohntes Land, wenn es mit einem grossen, mächtigen, zum Theil hochcultivirten Staate vereinigt wird, im Laufe von hundert Jahren Culturfortschritte macht, ist so selbstverständlich, dass das Gegentheil gar nicht denkbar wäre. Aber schon der Anfang der österr. Verwaltung war seltsam genug. Die Generäle, welche derselben als oberste Verwalter vorgesetzt wurden, dachten an nichts Anderes, als die Bukowina zu »militarisiren«, d. h. sie nach Art der Militärgrenze einzurichten, und dieser Gedanke spuckte fast 40 Jahre fort. (S. Bidermann a. a. O.) Man kann wohl mit vollem Rechte behaupten, dass die Bukowina alle Fortschritte, die sie in den letzten 100 Jahren gemacht hat, ausschliesslich ihrer Vereinigung mit Oesterreich zu verdanken hat. Was aber immer im Kleinen und Einzelnen geschah, von einer grossen That, von der consequenten Durchführung irgend eines rationellen Systems, wie es der ganz besondere, coloniale Charakter des neu erworbenen Landes forderte, war niemals die Rede und heute noch langweilt sich die Mehrzahl der Verwaltungsbeamten in der Bukowina, indem sie ebenso sehr an mangelnder Beschäftigung leiden, wie die Richter an Ueberbürdung — was natürlich nicht ihre Schuld ist. Heute noch wohnt der Bauer in Lehmhütten, an denen »kein Loth Eisen«[1]) zu finden ist, schläft er nicht in Betten, sondern auf hölzernen Gestellen in der Wohnstube, die zugleich Küche ist, heute noch kennt er das Brod nicht und kann — wenigstens im Innern des Landes — den Ueberschuss einer reichen Ernte entweder gar nicht oder um einen Spottpreis los werden. Man traut seinen Augen nicht, wenn man den Lauf der Eisenbahn durch die Bukowina verfolgend bemerkt, dass dieselbe die einzigen grösseren und wichtigeren Orte, in denen sich allmälig ein Markt für die Umgebung, ein Centrum des Absatzes und Exports bilden könnte, nämlich die Städte Sereth, Radautz und Suczawa umgeht.

Dass wirthschaftlicher Leichtsinn, wirthschaftliche Unfähigkeit in der Bukowina nicht nur unter Bauern und Grossgrundbesitzern, sondern allgemein, also auch unter den Städtern, so weit sie eingeboren oder durch langen Aufenthalt etwa assimilirt sind, vorherrscht, müssen wir nach den in der Hauptstadt gemachten Erfahrungen leider zugeben. Wir finden da schöne Fronten und schmutzige Höfe,[2]) schön gemalte

---

[1]) Der H.-K.-B. sagt S. 63, »dass zur Construction eines Bauernhauses, mit Ausnahme der Schindelnägel, wenn solche in Verwendung kommen, gewöhnlich kein eiserner Nagel und auch sonst kein Loth Eisen verwendet wird.«
[2]) »Die Höfe der meisten Häuser (in Czernowitz) sind Dungstätten nicht unähnlich.« H.-K.-B. S. 78. Selbst die Höfe der neuerbauten prachtvollen erzbischöflichen Residenz gleichen schmutzigen Pferdeställen. Am

und tapezirte Zimmer mit Parquetböden, aber den Abtritt im Hofe oder auf einem offenen Gange, so dass man bei schlechtem Wetter einen Schirm und allenfalls auch Galloschen braucht, um sicher dahin zu gelangen, fein ausgestattete Salons, aber erbärmliche Küchen und keine oder jämmerliche Vorrathskammern,[1]) ein neues Theater, aber mitten in der Stadt Plätze mit fusstiefem Kothe, der niemals entfernt wird, fremdländische Weine, aber in jedem Brunnen Urinsäure und andere unqualificirbare Realitäten, welche aus den Aborten hineinsickern und das Wasser vergiften, elegante Toiletten, Equipagen, Soiréen, Bälle und zahlreiche Dienerschaft, aber kolossale Schulden.

. Unter der Bevölkerung der Landeshauptstadt wurden 1869 2654 »Diener für persönliche Leistungen« gezählt. Vertheilen wir diese auf die Gesammtbevölkerung (siehe weiter unten), so kommt ein Diener auf 12.8 Einwohner; da aber solche Diener fast nur in der eigentlichen Stadt[2]) vorkommen dürften, so kommt in der That ein Diener auf 8.8 Einwohner. In Wien kam zwar 1869 ein Dienstbote auf 8 Einwohner; allein Czernowitz besteht zum grossen Theil aus elenden, schmutzigen, stinkenden Hütten[3]), in

meisten zu verwundern aber ist es, dass Staatsanstalten, wie das Postamt, das Telegrafenamt, das Gymnasium in Bezug auf Schmutz geradezu hervorragen, was hier nicht wenig sagen will.

1) Dem entsprechend bestehen die Wirthschaftsgebäude der nationalen Bauern aus einem »Stalle für einige Hausthiere und einem an der Südseite offenen Schopfen, hie und da auch aus einer Scheuer«. H.-K.-B. S. 62.

2) Die Zahl der in Czernowitz gezählten Diener macht 25.7 Proc. der Diener des ganzen Landes (die Hauptstadt mit inbegriffen) aus, während die Einwohnerzahl der Hauptstadt im weitesten Sinne nur 6.6 Proc. der Einwohnerzahl des ganzen Landes ausmacht.

3) Das Ideal eines schmutzigen und zerlumpten Menschen, das die kühnste Phantasie eines Westeuropäers etwa ersinnen mag, wird hier auf Schritt und Tritt übertroffen. Man sieht Hosen, die aus 20 oder 30 verschiedenen Stofffetzen zusammengeflickt sind, aber doch noch zum grössten Theil aus Löchern bestehen, man sieht Röcke, denen nichts weiter als der Rücken fehlt, deren Besitzer aber leider weder Westen noch Hemden tragen, ich sah vollkommen nackte Mädchen von 4—6 Jahren im Staube der hauptstädtischen Strassen mit halb bekleideten Jungen spielen, und vor Allem Horden von Kaftanen, deren Anblick sättigender wirkt als das reichlichste Mahl. Die Bauern sind sehr anständige, appetitliche Leute im Vergleiche mit diesem massenhaften Stadtpöbel. Wir werden nicht mehr staunen, wenn wir hören (H.-K.-B. S. 99), dass von den zur Kenntniss der Gerichte gelangten Verbrechen und Vergehen nach einem zehnjährigen Durchschnitt auf 1000 Einwohner

im Stadtbezirke Czernowitz 131
in den übrigen zum Czernowitzer Untersuchungsgericht gehörigen
Bezirken 5
beim Radautzer Untersuchungsgericht 3
,, Storozynetzer ,, ... 3
,, Suczawer ,, ... 3.5
Anzeigen über Verbrechen und Vergehen trafen.

»Indessen ist im Allgemeinen die Erfolglosigkeit der Anzeigen über denen keine Diener zu suchen sind, seine Industrie ist gar nicht nennenswerth, von Grossindustrie kann kaum die Rede sien und die Kleingewerbe sind »mehrentheils auf Reparaturen beschränkt« (II.-K.-B. S. 20), der Handel besteht zum grössten Theil in Klein-Krämerei — man denke dagegen an Wien und wird finden, dass hier von den wenigen Leuten, die in der Lage sind, Dienstboten zu halten, ein geradezu lächerlicher Dienstboten-Luxus getrieben werden muss. Und die Hälfte der Einwohner von Czernowitz fiel 1869 unter die Rubrik der »Personen ohne bestimmten Erwerb!«

Man hört oft behaupten, Czernowitz sei eine deutsche Stadt. Sie hatte 1869 33884 Einwohner. Also eine ganz respectable Gemeinde — wenn es nur wahr wäre! Die »Stadt« Czernowitz nimmt einen Flächenraum von etwas mehr als einer österr. Quadratmeile ein, genauer 10016 Joch 514 Quad.-Klafter, ist also fast genau so gross wie Wien (Kolb, Handb. der vergl. Stat. 7. Aufl. 1875, S. 323). Aber wir haben in unserer Landeshauptstadt 4698$^1/_2$ Joch Aecker, 1552 Joch Wiesen, über 743 Joch Gärten, über 1301 Joch Weiden, nahezu 895 Joch Waldungen und 615 Joch unproductiven Boden, dagegen eine Bau-Area von 210$^1/_3$ Joch. Das ist die Stadt Czernowitz, deren absolute Einwohnerzahl auch zugleich die relative ist und die Bevölkerungsdichtigkeit ausdrückt. Das kommt daher, weil wir 4 »Vorstädte« besitzen, welche einen Flächenraum von 7480 Joch einnehmen und eigentlich weit ausgedehnte, mit der Stadt gar nicht

---

verübte Verbrechen schon fast zur Regel geworden, daher nur der weit geringere Theil derselben zur Kenntniss der Gerichte gelangt, und wird sich demzufolge die thatsächliche Zahl derselben mindestens doppelt so hoch belaufen« (ebenda).

Man erlaube mir, hier eine andere statistische Notiz beizufügen, die sich zwar nicht unmittelbar an das Vorhergehende anschliesst, aber dennoch interessant und bezeichnend genug ist, um der Aufzeichnung würdig zu sein. In den Jahren 1862—1865 starben in Czernowitz je 1238, 1250, 1264, 1280 Personen, es waren also vollkommen normale Jahre, denn die geringe Steigerung kommt auf Rechnung der wachsenden Bevölkerung. Geboren wurden in denselben Jahren 1262, 1295, 1343 und 1296. Vergleicht man die Durchschnittszahlen mit der Bevölkerung von 1869, die nach der abnormen Sterblichkeit von 1866 keineswegs zu gross sein dürfte, so kam
1 Todesfall auf 26.9 Einw.
1 Geburt ,, 26.0 ,,
und es stellt sich ein natürlicher Zuwachs von 12 Individuen auf 10000 per Jahr heraus. Und wir befinden uns in einer Stadt, die auf einem luftigen Hügel erbaut ist, kaum eine geschlossene Gasse, keine Fabriken besitzt und mit den dazu gehörigen Ortschaften eine Quadratmeile einnimmt. In derselben Zeit betrug die Sterblichkeit in der ganzen Bukowina 1 : 36.3, die Geburtsziffer 1 : 23.4! Für die neueste Zeit lässt sich eine ähnliche Berechnung bei dem Mangel einer neueren Volkszählung nicht anstellen, doch dürften sich die Verhältnisse wohl gebessert haben.

zusammenhängende, zum Theil über eine Wegstunde entfernte Dörfer sind, mit einer Einwohnerzahl von 10524. Unter diesen Dörfern zählte Rosch allein 6448 Einwohner, die zum grossen Theil aus deutschen Bauern bestehen, welche, wie alle deutschen Bauerngemeinden in der Bukowina, sich durch Wohlhabenheit, Fleiss und Sparsamkeit, durch rationelleren Wirthschaftsbetrieb, durch hübschere Wohnhäuser u. s. w. auszeichnen. Man erkennt diese Leute sofort nicht nur an ihren ächt germanischen Gesichtern, sondern insbesondere an ihrem anständigern Aussehen, ihrer respectablen Kleidung.

Nun finden sich nach dem Berichte der H.-K. unter der „städtischen Bevölkerung" im landesüblichen Sinn 17.7 Proc. Rumänen, 17.2 Proc. Ruthenen, 0.2 Proc. Ungarn, 0.1 Proc. Russen und Lippowaner, 16.9 Proc. sonstige christliche Nationalitäten (wohl meist Polen), 28.3 Proc. Israeliten und 19.6 Proc. Deutsche. Schon daraus erhellt, dass Czernowitz keine deutsche Stadt ist. Nehmen wir aber nicht das officielle, sondern das wirkliche Czernowitz, ziehen wir demgemäss die deutschen Roscher Bauern von der deutschen Stadtbevölkerung ab, bedenken wir, dass unter den sogenannten Deutschen der eigentlichen Stadtbevölkerung sich eine Menge Galizier befinden, denen leider von ihrem Deutschthum oft nichts als der Name übrig geblieben ist, die in der eigenen Familie lieber polnisch oder französisch als deutsch sprechen, erwägen wir ferner, dass unter diesen Deutschen auch getaufte Juden mitlaufen, deren Nationalität durch das Taufwasser nicht weggewaschen werden konnte und die, selbst wenn schon ihre Eltern sich taufen liessen und sie selbst als Christen geboren wurden, dennoch ihrer Nationalität nach nur als Juden bezeichnet werden können: so wird die Zahl der wirklichen Deutschen sehr wesentlich zusammenschmelzen, und der Rest wird grösstentheils aus Beamten, Professoren, Lehrern nebst einigen Kaufleuten und Industriellen bestehen, die fast allesammt nur auf kürzere Zeit hier sind und also dem städtischen Leben seinen eigenthümlichen Charakter nicht aufdrücken können.

Ganz anders verhält es sich mit den Juden. Diese haben wir fast durchaus in der eigentlichen Stadt zu suchen, so dass die 28 Procent der officiellen Stadt für die wirkliche lange nicht ausreichen, sie sehnen sich nicht fort aus dem Lande, sie weilen gerne hier, sie haben sich in der Bukowina vom Jahre 1850 bis zum Jahre 1870 von 14581 auf 47754 vermehrt, also in 20 Jahren mehr als verdreifacht (S. Schimmer, Statist. des Judenthums in den im Reichsrath vertr. Königreichen und Ländern. Wien 1873) und ihre Zahl ist naturgemäss in der Stadt rascher gewachsen als auf dem Lande, sie ist vermuthlich in letzter Zeit, wo die Juden in Oesterreich mit allen Staatsbürgern gleichberechtigt wurden, während sie in den Nachbarländern, aus denen sie zu uns kommen, in Russland und Rumänien nie vor Gewaltthätigkeiten sicher sind, noch rascher gewachsen als früher, und wir können also wohl mit aller Sicherheit annehmen, dass im eigentlichen Czernowitz ihre Zahl gegenwärtig näher bei 50 als bei 28 Proc. liegt und demgemäss behaupten, dass Czernowitz, soweit die Majorität der Einwohner den Ausschlag gibt, mit vollstem Rechte eine Judenstadt genannt werden kann. Wer durch die Verkehrsstrassen der Stadt oder gar über den Ringplatz geht, der begegnet denn auch fast nur Kaftanen und Stirnlocken und langen Bärten.

Allein die Mehrzahl der Juden ist arm, und von den wohlhabenden und reichen schliesst sich Alles, was noch Kaftan und Stirnlocken trägt, von der übrigen Bevölkerung aus Gründen der Orthodoxie gesellschaftlich ab und verkehrt damit nur geschäftlich. Die specifisch städtische Gesellschaft, die Gesellschaft in dem engeren Sinne, in welchem man darunter jene Kreise versteht, welche durch Rang, Bildung und Vermögen hervorragen und daher die rechte Efflorescenz ihres Volksthums in allen Beziehungen darstellen, ist rumänisch, polnisch und etwa noch ruthenisch.

Ein socialer Körper kann nicht in einem Hauptorgane vergiftet, sonst aber gesund sein und so werden wir uns nicht wundern, wenn wir beim nationalen Städter dieselben wirthschaftlichen und moralischen Gebrechen finden, die wir beim Bauer nachweisen mussten. Dass wir aber hier nur die Schattenseiten des Volkscharakters schildern, der doch wie Alles in der Welt unzweifelhaft auch seine hellen hat, ist bei dem Zwecke, den wir verfolgen und der darin besteht, die Möglichkeit und den Grund einer so ungeheuerlichen socialen Calamität, wie sie in dem specifischen Wucher der Bukowina liegt, möglichst zu begreifen, den wesentlichen Eigenthümlichkeiten des Bodens nachzuforschen, welche das Wachsthum und Gedeihen einer solchen Giftpflanze ermöglichen und befördern, wohl begreiflich. An Bemäntelung und Schönfärberei wird ohnedies genug geleistet. Jedem Heilversuche muss eine ehrliche Diagnose vorangehen, und wenn wir den Wucher nicht als die Krankheit selbst sondern blos als ein Symptom derselben auffassen dürfen (welches freilich auch seinerseits die Krankheit befördert und sein eigenes, specifisches Gift erzeugt), so werden wir zugleich zugeben müssen, dass mit der Entfernung dieses Symptoms durch das acute Mittel des Strafgesetzes die

Krankheit selbst nicht im Mindesten geheilt zu sein braucht, dass man also damit wohl Etwas, aber lange nicht genug, und durchaus nichts Wesentliches geleistet hat. Fassen wir, um das Vorstehende statistisch zu belegen, die Nationalität der Schuldner in's Auge, und combiniren wir hierbei, der Kürze halber, die beiden Jahre 1876 und 1877, so finden wir unter den 1189 Schuldnern, deren Namen in den Executions-Edicten angeführt sind,

1059 Rumänen, Ruthenen etc.	=	89.06 %
77 Juden	=	6.48 ,,
53 Deutsche	=	4.46 ,,
		100

Nach den Angaben des Handelskammerberichts machten im Jahre 1869

die nichtdeutschen christlichen Nationalitäten	82.65 %
die Juden	9.33 ,,
die Deutschen	8.02 ,,

der gesammten Bevölkerung aus.

Dieses Zahlenverhältniss entspricht wohl seiner Form nach vollkommen den von uns aufgestellten Behauptungen, die Intensität der Differenzen scheint aber noch zu gering, wenigstens was die Juden betrifft. Aber wir haben zu bedenken, dass nicht das Borgen an sich, sondern nur das leichtsinnige Borgen, das kopflose, zwecklose Schuldenmachen für uns in Betracht kommt und dass die Juden wohl selten oder nie, blos um bei Hochzeiten und Sterbefällen zu paradiren, sich ruiniren werden; wir haben uns zu erinnern an das früher über die Vermehrungsverhältnisse der Juden Bemerkte; wir haben, was die Deutschen betrifft, zu bedenken, dass der deutsche Bauer offenbar viel mehr Credit haben muss als alle andern, dass bei den nationalen Bauern also viel häufiger schon die blosse Möglichkeit des Schuldenmachens fehlt, dass zu den nichtdeutschen christlichen Nationalitäten auch die Lippowaner gezählt werden, welche vielleicht die besten Wirthe in der Bukowina sind. Dies Alles erwogen, sind unsere Zahlen bezeichnend genug und die an sich schon grossen Differenzen steigen in ihrer Bedeutung noch weit über das sichtbare Mass hinaus. In Bezug auf die Deutschen muss ich insbesondere noch bemerken (was auch bei der Untersuchung der Nationalität der Gläubiger zu beachten ist), dass man wohl den Ruthenen, den Rumänen, den Polen u. s. w. sehr leicht am Namen erkennt, den Deutschen aber deswegen nicht ganz bestimmt eruiren kann, weil auch der Jude fast ausnahmslos einen deutschen Namen führt. Diese deutschen Judennamen sind zwar in der Regel leicht erkennbar, insbesondere durch den hebräischen oder doch specifisch jüdischen Vornamen. Trägt aber der Jude, wie es doch öfter vorkommt, keinen solchen, und ist auch sein Familienname nicht ganz charakteristisch, so ist er vom Deutschen nicht zu unterscheiden. Ich muss also darauf aufmerksam machen, dass Jeder, der als Jude gezählt wurde, ganz unzweifelhaft ein solcher ist, dass aber unter meinen »Deutschen« sich gar wohl auch Juden befinden können.

Nachdem wir auf diese Weise die Frage nach der Nationalität der Schuldner beantwortet haben, bleibt noch die nach der Nationalität der Gläubiger zur Beantwortung übrig. Wer sind diese Wucherer, die ein Jahrzehend lang so viele Existenzen vernichtet und sich vom Marke des Volkes gemästet haben?

Wir finden unter den in den Edicten genannten Gläubigern:

	1876	1877
die galizische Rustical-Creditanstalt	32 Mal	42 Mal
den Bukowinaer Vorschussverein	— ,,	39 ,,
die österreichische Nationalbank	— ,,	5 ,,
die österreichische Boden-Creditanstalt	— ,,	3 ,,
den griech.-orientalischen Religionsfond	6 ,,	5 ,,
das k. k. Aerar	4 ,,	4 ,,
die Bukowinaer Sparcasse	— ,,	2 ,,
die wechsels. Creditgesellschaft in Krakau	— ,,	1 ,,
Summa	42 Mal	101 Mal
Nichtdeutsche christliche Privatpersonen	51	105
Deutsche	5	25
Juden	271	572
Summe aller bekannten Gläubiger	369	803
Summe aller bekannten Privatgläubiger	327	702

Die Juden machen also unter sämmtlichen Gläubigern 1876 73.4 Procent, 1877 71.2 Procent, unter den Privatgläubigern allein 82.9 resp. 81.5 Procent aus. Oder, um das Verhältniss deutlicher zu machen: es trafen von den in beiden Jahren von Privatgläubigern durchgesetzten 1029 Executionen nach dem Status der Bevölkerung vom 31. December 1869

auf 10,000 Juden	177 Executionsführungen
,, 10,000 nichtdeutsche Christen	3.7 ,,
,, 10,000 Deutsche	7.3 ,,

Wer da Wild, wer Jäger ist, wird mehr als deutlich.[1]
Und dass der Wucher von den Juden nicht etwa blos zu-

---

[1] Dagegen betheiligten sich die Juden mit grosser Vorliebe am Concurs-Machen. Unter den 57 Cridataren der beiden Jahre finden sich ganz bestimmt erkennbar 39 Juden oder 68.4 Procent, wahrscheinlich noch 8 weitere oder 82.5 Procent.
Nach dem Bericht der Handelskammer S. 84 ff. wurden in den 10 Jahren von 1862—1871 im Ganzen 57 »wegen Verschulden in Concurs verfallene Schuldner« verurtheilt, darunter 41 Juden oder 72 Procent.

fällig, bei besonders reizender Gelegenheit, sondern gewerbsmässig betrieben wurde, sehen wir aus den immer wiederkehrenden Gläubiger-Namen. Am oftesten tritt zwar 1877, für welches Jahr ich diese Untersuchung angestellt habe, nicht ein Jude, sondern ein Pole auf, ein sicherer Stefan Dabrowski in Suczawa; er fordert zwar nicht die höchsten Procente, erscheint aber 25 Mal in den Edicten. Alle anderen Gewohnheitswucherer sind Juden. So finden wir einen Aron Pollak 22 Mal, einen Marcus Holdengräber 20 Mal, und Namen, wie: Chaskel Grauer, Isak und David Schärf, Feibel Thaler, Hersch Katz, Jossel Schneider, Israel Herschläufer, Gutmann Grauer, Jossel Reiss u. s. w. u. s. w. immer wieder. Ich führe sie an zum Beweise, dass ein Irrthum über ihre Nationalität unmöglich ist.

Dass vorzüglich der Jude Wucher treibt, sehen wir aus unseren Zahlen; wie er wuchert, darüber sind wir auch schon unterrichtet. Auch das Endergebniss dieses Geschäftslebens ist klar. Wenn wir in der Bukowina selbst weniger Executionen finden als in anderen besseren Ländern, so hat doch die geringere Zahl hier eine viel grössere sociale Bedeutung als dort die grössere, erstens wegen der Art und Weise des Vorgangs und zweitens, weil nur der Jude Käufer ist. Auf die Frage, wer kauft zumeist die versteigerten Realitäten, Bauern oder Juden? wurde mir geantwortet: »ausschliesslich Juden« (Fr.-B.). So geht also durch den Wucher der Grund und Boden des Landes selbst in die Hände der Juden über. Ueber die Bedeutung dieses Erfolgs kann man sehr verschiedener Ansicht sein. So meinte Dr. Hönigsmann in der Sitzung des Abgeordnetenhauses vom 26. April 1877: »Wenn der Wucherer so viel erarbeitet (?) oder erpresst hat, dass er von den gesellschaftlichen Schichten, unter denen er lebt, in jene höheren Classen emporgehoben (d. h. Grundbesitzer) wird, so wird dies für ihn oder für seine Nachkommenschaft, jedenfalls aber für die Gesellschaft etwas Moralisches und Ethisches zur Folge haben.«

Dagegen drückt sich der Bericht des Ausschusses von 1877 folgendermassen aus: »Es kann unmöglich gleichgültig sein, in wessen Händen sich der Grund und Boden befindet, weil der Grund und Boden nur in den Händen des ackerbautreibenden Landmannes an Productionsfähigkeit und an Steuerkraft gewinnen kann, während derselbe in den Händen der Geldspeculanten die eine und die andere verliert.« Pilat (Executive Feilbietungen« a. a. O.) meint: Derartige Veräusserungen haben keineswegs blos die Bedeutung einer Aenderung in der Person des Besitzers; denn der Grundbesitz geht nicht aus der Hand eines Landwirths in die eines anderen Landwirths über, sondern gelangt an einen wucherischen Speculanten, welcher weder Lust noch Kenntnisse hat, ihn selbst zu bearbeiten, sondern sein neues Besitzthum nur als Operationsbasis betrachtet, von der aus er die Habe der Nachbarn mit seinen Netzen umstrickt.« Es ist an und für sich gegen die Erwerbung von Grundstücken seitens der Juden gewiss nichts einzuwenden. Sie sind der intelligenteste Theil der Bevölkerung dieser östlichen Länder, finden sich leicht in jedes Geschäft, was das Verständniss anbelangt, sie sind emsig und sparsam, sie werden ohne Zweifel rationeller wirthschaften als unsere Grossgrundbesitzer und Bauern, die Productivität des Bodens wird in ihren Händen nicht abnehmen sondern wachsen, sobald sie sich nur entschliessen, Grundbesitzer nicht nur zu werden, sondern auch zu bleiben, kurz vom rein volkswirthschaftlichen Standpunkt, so lange also blos die Production wirthschaftlicher Güter in Betracht kommt, ist gegen den Erwerb von Grundstücken durch die Juden nichts einzuwenden. Anders dürfte sich die Sache verhalten, wenn die eine, oben angegebene Bedingung sich nicht erfüllt, wenn der Jude auch als Grundbesitzer nur Speculant bleibt, wenn er auch Grund und Boden nur als Waare betrachtet, bei deren Wiederverkauf das begonnene Geschäft erst wirklich abgeschlossen ist, wenn er auch den Grund und Boden verjüdelt. Und hier, meine ich, ist wohl zu unterscheiden zwischen grossem und kleinem Grundbesitz. Der Jude wird in Europa niemals oder wenigstens noch lange nicht ein wirklicher Bauer werden. Er verabscheut regelmässig die blos körperliche Arbeit, weil er einen sehr regen, und immer Beschäftigung suchenden Geist besitzt, und wohl auch, weil die blosse Muskelarbeit am wenigsten einbringt, weil er damit nie reich werden kann, und auf Reichthum einen natürlichen, durch die Tradition sanctionirten Anspruch zu haben glaubt. Körperliche Arbeit überlässt er, so lange es möglich ist, denen, die ihm an intellectueller Kraft nachstehen. Und so sehen wir denn in Galizien, dass der Jude, nachdem er den Bauer exproprirt hat, denselben auf seinem ehemaligen Eigenthum als Knecht für sich arbeiten lässt. »Es entsteht bei uns eine neue Art von Leibeigenschaft, eine Art von Sklaven, wie ehemals in Rom, eine Art von Wuchersklaven, welche im Schweisse ihres Angesichts für ihre Schinder arbeiten« (Dr. Rydzowski in der Sitzung vom 3. December 1874).

Es gibt in Galizien — als seltsame Ausnahme — einige wenige jüdische Bauernfamilien, die wirklich den Boden selbst bearbeiten; in der Bukowina dürften wir dergleichen vergeblich suchen.

Der Wucherer kauft Bauerngüter zur Speculation, er mobilisirt den Boden nach seiner Weise, da ja keine Sache für ihn einen anderen Werth hat, als den Geldwerth. Er ist der allerächsteste Manchestermann, er kennt nicht den Begriff eines Berufs, in dem man leben und sterben will [1]), sein Beruf ist blos das Reichwerden und darum wird er nie ein Bauer, und ist es ein sociales Unglück, wenn der kleine Grundbesitz in seine Hände übergeht.

Anders verhält es sich mit dem grossen. Dieser verlangt zu seiner Führung nicht die Körper- sondern die Geisteskräfte eines ganzen Mannes, hier kann der Jude ausdauern und stabil werden, und wird es auch allem Anschein nach, besonders in einem Lande, wo zum-Schacher mit grossen Grundcomplexen wenigstens vorläufig keine Gelegenheit ist. Vom rein materiellen Standpunkt aus ist es daher ein Glück für dieses Land, dass unter den Grossgrundbesitzern immer mehr Juden erscheinen. Ob sie zur sittlichen und wirthschaftlichen Hebung des Bauers viel beitragen werden, ist eine andere Frage. Weniger als die Majorität der nationalen Grundbesitzer werden sie auch in dieser Beziehung gewiss nicht leisten.

Aber der Bauer braucht viel mehr und da steht die durch die Orthodoxie begründete feindschaftliche Stellung der Juden gegen alle Anderen einigermassen hinderlich im Wege. Sie kann durch persönliche Eigenschaften gemildert, ja fast neutralisirt werden. Aber in welchem Masse dies der Fall und ob der jüdische Grundbesitzer geeignet ist, jene Sitte und Tradition aufkommen zu lassen und zu befördern, welche dem Landmann zu seinem moralischen und ökonomischen Gedeihen so nöthig ist — das muss erst die Folgezeit erweisen.

Haben wir hier das wirthschaftliche Endresultat des Wuchers betrachtet, und das social-ethische nur nebenher in Erwägung gezogen, so ist die Art und Weise, wie der Wucher während seiner 10jährigen Blütheperiode auf die Volksmoral eingewirkt hat, einer besonderen Beachtung ohne Zweifel würdig. Die nächste, leicht begreifliche und doch sehr schwer wiegende Wirkung betrifft die bewucherten Classen, die Bauern und kleinen Leute. Da es nach dem

---

[1]) Erst wirklich hohe Geistesbildung entnationalisirt den Juden vollständig, sie macht ihn zum wahren Staatsbürger, zum wirklichen Mitglied der europäischen Gesellschaft, wie wir das in den westeuropäischen Ländern (d. h. im eigentlichen Europa), insbesondere in Frankreich deutlich an zahllosen Beispielen beobachten können.

Es verdient bemerkt zu werden, dass an den Lehranstalten der Stadt Czernowitz die jüdischen Schüler und Studenten an Fleiss und Fähigkeiten die übrigen ganz entschieden übertreffen.

Gesetze von 1868 officiell keinen Wucher mehr gab, so musste der Richter selbstverständlich dem Elend seinen Lauf lassen und die ihm verliehene Macht dazu gebrauchen, das Unrecht auf rechtlichem Wege zu vollziehen. Er konnte nicht anders, mochte ihm das Herz dabei auch bluten. Aber der Bauer, der weder vom Gesetze noch von der richterlichen Gewalt und Pflicht einen Begriff hat, konnte leicht auf den Gedanken kommen, dass der Richter mit dem Wucherer im Bunde sei, dass sie beide unter einer Decke spielen, und dass blos deshalb das gute Recht, das er zu besitzen glaubte, ohne Erfolg sei. Und das bestätigten denn auch zwei polnische Abgeordnete im Reichsrath: »Das Landvolk sei der Ansicht, dass die Gerichte auf Seite der Wucherer stehen, dieselben in Schutz nehmen und von ihnen bestochen werden, weshalb das Ansehen der Gerichte von Tag zu Tag sinke.« Wie gründlich auf diesem Wege die Autorität des Richters, ja das öffentliche Rechtsgefühl selbst zerstört werden kann, liegt auf der Hand. Aber nicht nur das Rechtsgefühl der bewucherten, sondern auch das der wucherfähigen, geldbesitzenden, höheren Classen litt sichtbarlich unter dem Einfluss der jüdischen Praktik. Was Graf Chorinsky (»Der Wucher in Oesterreich«, Wien 1877) über den Wucher in Ungarn bemerkt (S. 125): ›Die traurigste unter den traurigen Erscheinungen gibt sich nach dem sehr treffenden Motivenberichte des ungarischen Justizministers (zum Gesetz-Entwurf über die Ergänzung des die Abschaffung der Wuchergesetze betreffenden Gesetzesartikels XXXI. vom Jahre 1868) darin kund, dass die Ansteckung des wucherischen Treibens sich auch in jene Gesellschaftsclassen einzuschleichen begonnen hat, welche sich bisher von diesem Treiben fern gehalten haben — das gilt vollinhaltlich auch für die Bukowina. Eines Beispiels aus aristokratischen Kreisen haben wir bereits erwähnt. Der Wucher mit menschlicher Arbeit, den wir ebenfalls dargestellt, gehört vielleicht weniger hieher; er ist historischen Ursprungs und beruht auf der gewissen Kreisen angestammten Idee von der natürlichen Sklaverei des Bauers, wodurch er freilich an seiner Verwerflichkeit nichts verliert. Wir wollen dem Privatwucher nichtjüdischer Elemente hier nicht weiter nachspüren, wiewohl uns höchst frappirende Thatsachen in Fülle zu Gebote stünden, und zum Beweise der tiefen Corrumpirung des allgemeinen Rechtsgefühls nur auf ein paar Credit-Institute hinweisen, welche in unserer Gläubigerliste mit bedenklicher Frequenz erscheinen. Oder ist es nicht auffällig, wenn die galizische Rustical-Credit-Anstalt in einem so creditlosen Lande wie die Bukowina in dem kurzen Zeitraum von zwei Jahren 74 Mal als Executionsführer erscheint und der Bukowinaer Vorschussverein im ersten Jahre seiner Thätigkeit 39 Mal?

Lassen wir die bisher benutzten wohl verlässlichen Quellen auch hier zu Worte kommen. Im Bericht des Ausschusses über die Wuchergesetzvorlage (648 der Beilagen zur VIII. Session) werden angeführt: »Eine Beschwerde des Carl Rodecki, Geschäftsführers in Lemberg, gegen die galizische Rusticalbank wegen Bedrückung des Landvolks bei Hinausgabe von Darlehen und eine Petition der Insassen der Gemeinde Kapnowice in Galizien, um Abhülfe des hohen Ministeriums gegen die Vorgänge der galizischen Rusticalbank, welche sich zu einer wucherischen Rusticalgründe-Expropriationsanstalt herausbildet.«

Dr. Hönigsmann sagte in der Sitzung vom 4. Dec. 1875: ,Wir haben eine sogenannte Landeshypothekenbank in Galizien, welche Rustical-Creditanstalt heisst; sie ist nur für die Unterstützung des kleinen Grundbesitzes bestimmt. Mit so viel kleinen und grossen Grundbesitzern ich aber auch gesprochen habe, beklagen sich alle, dass dieses Institut besteht. Jeder hat sich noch beklagt, dass dieses Institut den kleinen Grundbesitzer mehr aussaugt, als es ihm hilft.«

Der galizische Abgeordnete Naumowicz bemerkt in der Sitzung vom 4. Mai 1877: »Die Rustical-Creditbank ist, vermöge ihrer Statuten, verpflichtet, die Grundstücke derjenigen Besitzer, welche die Einzahlung der Raten nicht pünktlich einhalten, feilzubieten, daher **verfallen der Feilbietung überhaupt alle bei dieser Bank verschuldeten Grundstücke.**«

Der Handelskammerbericht spricht sich S. 30 folgendermassen aus: »Zu Ende des Jahres 1871 (also wenige Monate vor Abschluss des Berichtes) wurde in Czernowitz eine Filiale der galizischen Rustical-Creditbank eingerichtet, welche an kleine Grundbesitzer unter sicheren Bürgschaften Vorschüsse gegen 12 Procent Zinsen in ihren Papieren gegen Rückzahlung in Raten leistet. Da diese Papiere einen variirenden — dem Nominalwerth weit nachstehenden Curswerth haben, und auch noch die gerichtliche pfandweise Beschreibung der als Hypothek dienenden bäuerlichen Grundstücke mit bedeutenden Kosten verbunden ist, so stellt sich die Verzinsung solcher Anleihen mit 20 Procent und noch höher heraus und kann solche nur zum unausweichlichen Verderben der bäuerlichen Grundbesitzer führen.

Die Rustical-Creditanstalt fordert in ihren Executions Edicten 12 Procent Zinsen und 3 Procent Verzugszinsen, also factisch 15 Procent, denn der Verzug ist immer da, wie das auch nicht anders sein kann. Dass dies nicht Alles ist, sehen wir aus dem Kammerberichte.

Der Bukowinaer Vorschussverein exequirt mit 18 Procent Zinsen, dazu kommen aber hohe Schreibegebühren und eine Methode der Zinsenberechnung, welche den wirklichen Zinsfuss, wie man mir versicherte, auf 23—24 Procent hinaufschraubt. Die Forderung eines Capitalgewinns aber, welcher den durchschnittlichen Ertrag aller menschlichen Arbeit übersteigt, nannten wir Wucher und so dürfen wir wohl auch diese Creditanstalten, trotz ihres edlen Zweckes, den kleinen Grundbesitzer mit Capital zu versehen, ganz getrost Wucheranstalten nennen. Sie sind aber nicht jüdisch, sondern national, und was speciell den Vorschussverein betrifft, welcher Agenten ins Land verschickte, die den Bauer auf die freventlichste Weise zur Aufnahme von Darlehen mit allen Mitteln nöthigten (— so ward mir erzählt; es ist übrigens nach dem Vorhergehenden gar nicht mehr relevant —), so gehören zur Zahl seiner Mitglieder sehr respectable, angesehene Männer, die Elite der Czernowitzer Gesellschaft, ja es finden sich darunter selbst höhere Staatsbeamte, an deren Charakter gewiss kein Makel haftet. Der Gedankengang solcher Leute ist klar: wenn der Jude vom Bauer 100 Procent verlangt und wir nur 18 oder 24, so sind wir ja wahre Wohlthäter des Landes und machen nebenbei ein schönes Geschäft. Dass der Bauer bei 18 Procent eben so sicher zu Grunde gehen muss wie bei 100, daran denken sie nicht, oder es ist ihnen, in Anbetracht, dass er ja doch dem Untergange geweiht sei, gleichgültig. So verdirbt der wuchernde Jude schliesslich das allgemeine Rechtsgefühl — das ist die social-ethische Seite des Wuchers.

Die Orgien des kleinen Wuchers (im landesüblichen Sinne) sind vorüber, das Strafgesetz hat diese Nachtgespenster verscheucht. Sie werden noch eine kleine Weile in den Executions-Edicten der Gerichte fortspuken, bis Alles »eingezogen« ist, dann werden die Richter des Landes nicht mehr erzwungene Henkersdienste verrichten, sondern als allbeliebte Teufelsbanner, die durch ihr blosses Dasein die bösen Geister in Schranken halten, von den Qualen der letzten Jahre ausruhen.

Denn mit Bestimmungen, wie die des § 1 des Gesetzes vom 19. Juli 1877 lässt sich nicht mehr spassen. Wenn die »Masslosigkeit der dem Creditgeber zugestandenen Vortheile«, durch welche »das wirthschaftliche Verderben des Creditnehmers herbeigeführt oder befördert werden muss«, auf der einen Seite, und Verstandesschwäche, Unerfahrenheit oder Gemüthsaufregung«, welche beim Creditnehmer die Erkenntniss der Verderblichkeit jener Bedingungen verhindern, auf der anderen Seite genügen, um den Candidaten des Reichthums auf sechs Monate, ja selbst auf zwei Jahre hinter Schloss und Riegel zu bringen oder ihn um 1000 Gulden ärmer zu machen, während ihm die Früchte seiner Unternehmungslust gänzlich entgehen — dann ist mit den Bauern, die ja insgesammt an Verstandesschwäche und Unerfahrenheit leiden, kein Geschäft mehr zu machen. Es lässt sich auch auf Umwegen, wie sie ehedem, unter der Herrschaft der alten Wuchergesetze, eingeschlagen wurden, um die Natur des Geschäftes zu verhüllen, ohne die grösste Gefahr nichts mehr erreichen, da der Richter an keine bestimmten Beweisregeln gebunden, sondern Alles seinem freien Ermessen, seiner freien, auf Grund der gewissenhaften Prüfung der vorgebrachten Beweismittel gewonnenen Ueberzeugung (§ 6) anheim gegeben ist. So hängt natürlich Alles von der Praxis der Gerichte ab, von der Stellung, welche die Richter gegen den Wucher einnehmen, von ihrer Auffassung des Begriffs Wucher.

Zur Zeit der älteren Wuchergesetze manifestirte sich zwar gerade in Galizien, dem classischen Lande des Wuchers, die allerschwächste Repression desselben, es zeigten sich hier verschwindend kleine Zahlen von Anklagen und noch viel kleinere von Verurtheilungen (Chorinsky a. a. O. S. 38). im Jahre 1856 erklärten fast alle Gerichte Galiziens, »dass die Freisprechungen die Regel bildeten bei Wucheruntersuchungen« (S. 50). Allein es war damals an und für sich viel schwerer, den Wucher nachzuweisen und zu fassen, und dann — was die Hauptsache ist — haben die Richter, welche ehedem vielleicht durch die landesüblichen Anschauungen in ihrem eigenen Rechtsbewusstsein zu stark beeinflusst waren (selbstverständlich kein Vorwurf!), inzwischen gar zu deutlich gesehen, wohin die Freiheit des Wuchers führt, und bei der in Galizien angestellten Enquête sprachen sich zahlreiche Gerichtsstellen für die Einführung von Strafgesetzen gegen die wucherische Ausbeutung der Bevölkerung, und die meisten sogar für die Einführung einer Zinstaxe aus (Ausschussbericht). Sie schilderten in ihren Berichten mit den lebhaftesten Farben die Ruchlosigkeit der Wucherer und das Elend des Landvolks, so dass man wohl mit Recht annehmen kann, dass die Stellung der Gerichte zum Wucher nunmehr eine ganz andere sein werde.

Wird nun also der Credit in der Bukowina billig werden? Wird der durchschnittliche Zinsfuss den Durchschnittsertrag menschlicher Arbeit nicht mehr übersteigen? Der Ertrag eines Grundstückes in Schlesien wurde mit 3 bis höchstens 6 Procent angegeben (Cienciala, Sitzung vom 18. Mai 1877).

Höchst wahrscheinlich nimmt er nach Osten zu mit der Cultur und mit der Entfernung vom Markte ab. Und so taxirt ihn Dr. Landau (Sitzung vom 4. December 1875) für ein Grundstück in Galizien, »auch wenn es sehr billig gekauft wurde«, mit 4—5 Procent. Wird also von nun an in der Bukowina Geld zum Zinsfuss von 4—5 Procent zu haben sein? Aber diese Rechnung gilt ja nur für Darlehen, welche zu Productionszwecken aufgenommen werden, und wir haben es fast nur mit Consumtionsdarlehen zu thun. Bekämen unsere Bauern Geld zu 6 Procent per Jahr, wie sie es bisher zu 6 per Monat bekamen, so würden ihre Hochzeiten und Kirchweihfeste noch viel glänzender ausfallen, aber sie würden eben so sicher zu Grunde gehen, mit dem einzigen Unterschied, dass sie etliche Monate länger die Zinsen zu zahlen vermöchten und dass die Licitation ihrer Güter etwas weiter von dem Zeitpunkt der Contrahirung der Schuld entfernt wäre, als bisher. Das Endresultat wäre genau dasselbe, es wäre dasselbe, auch wenn sie das Geld ohne Zinsen bekämen. Sie sind ja nicht creditfähig, sie sind nur bewucherungsfähig. Die Gesetze können wohl den Wucher beseitigen, aber Niemand creditfähig machen, das letztere kann allenfalls eine tüchtige Verwaltung, aber niemals die Justiz. Der Bauer wird von nun an keinen »Credit« mehr bekommen und das wird die beste Wirkung des Wuchergesetzes sein, die es in einem Lande wie die Bukowina hervorbringen kann. Die wirthschaftliche Barbarei dieses Landes zeigt sich hierin am klarsten. Der kleine Wucherer, der mit etlichen hundert Gulden sein Geschäft betrieb, wird vielleicht jenseits der russischen oder rumänischen Grenzpfähle eine bessere Heimat« suchen — und das wird auch eine Wohlthat des Wuchergesetzes sein.

Aber ganz aufhören wird der Wucher dennoch nicht. Denn erstens gibt es doch auch hier zu Lande Menschen, von denen man füglich schon nach ihrer gesellschaftlichen Stellung nicht annehmen darf, sie seien durch Verstandesschwäche, Unerfahrenheit und Gemüthsaufregung in die Unmöglichkeit versetzt, die Verderblichkeit irgend welcher ihnen gestellten Bedingungen einzusehen, und den blossen Leichtsinn schützt das Gesetz nicht gegen die ihm erkennbaren Folgen seines Handelns (»Erläuternde Bemerkungen zu dem Gesetzentwurf, betreffend Abhülfe etc.« 563 der Beilagen). Und da das Gesetz vom 19. Juli 1877 Zinsbeschränkungen, die seinem rein strafrechtlichen Wesen ja widersprächen, keineswegs aufstellt oder auch nur beabsichtigt, so kann der Wucherer z. B. bei unseren nationalen Grossgrundbesitzern immer noch ein Geschäftchen nach altem

Schnitt wagen, und die Expropriirung dieser Classe von Bewucherten wird sicher ihren stillen Fortgang nehmen.

Sodann wird kein Richter in der Welt, wenn es sich um Begriffe handelt, die mindestens für den einzelnen Fall absolut nicht genau definirbar sind, sich ganz und gar von den Anschauungen seines Volkes und seiner Zeit lossagen können, und ein Bukowinaer Richter wird aller Wahrscheinlichkeit nach 12, 15, vielleicht 18 Procent nicht für Wucher ansehen, obwohl sie, nach unserem Begriffe wenigstens, ganz bestimmt als solcher zu beurtheilen sind. Räth ja doch selbst der Bericht der Rechtssection des galizischen Landtags vom October 1874: »dass man sich auf den Standpunkt des Josefinischen Patents vom Jahre 1787 stellen und höheren als 12 procentigen Interessen das gerichtliche Klagerecht versagen müsse. Der Zinsfuss von 12 Procent wurde gewählt, weil derselbe denn doch immer **noch höher sei als der Ertrag der Dividenden der besten Industriepapiere**« (Chorinsky, a. a. O. S. 99). Also was die **besten** industriellen Unternehmungen eintragen, das und noch mehr soll der Geldbesitzer vom **Landwirth** in Galizien fordern dürfen, und es gibt doch sicher keinen Menschen in Galizien und auch nicht in der Rechtssection des galizischen Landtags, der nicht wüsste, dass der Ackerbau weniger einträgt als die besten Industriezweige! An Verständniss hat es hierbei der Rechtssection gewiss nicht gefehlt, aber sie sah ein, dass weniger als 12 Procent in Galizien soviel wie eine allgemeine Creditlosigkeit bedeuteten.

Und so wird sich denn in der Bukowina aus der Praxis der Gerichte aller Wahrscheinlichkeit nach ein gewisser Zinsfuss herausbilden, der allgemein als erlaubt und unverfänglich gilt, und dennoch so hoch ist, dass der Creditnehmer nach wie vor ihn nicht tragen kann. Die Bauern werden auch zu diesem Zinsfuss kein Geld mehr bekommen und dem Schnapscredit hat das Gesetz gegen die Trunkenheit den Boden ausgeschlagen. Der kleine Wucherer kann mit 12 oder 15 Procent nichts anfangen und beim **Bauer** könnte er möglicher Weise auch da noch Gefahr laufen, dem Strafgesetz zu verfallen, besonders wenn sich die Fälle und damit die Executionen häuften. Die zwei Creditgesellschaften aber, welche bisher die Bauern bewucherten, sind durch ihre Massenexecutionen (der Bukowinaer Vorschussverein exequirt mitunter ein Dutzend und mehr Bauern auf einmal als Solidarschuldner für einen Betrag von etlichen hundert Gulden), welche die Grundstücke ganz unverkäuflich machen, während die Gesellschaften doch nicht wohl Bauerngüter übernehmen können, in eine solche Lage gerathen, dass sie sich hoffentlich entweder gründlich reorganisiren oder auflösen werden.

Im Uebrigen wird wohl mit Mass und Anstand fortgewuchert werden. Mögen mich die Thatsachen widerlegen, und recht bald! ich werde mit Freuden meinen Irrthum eingestehen, aber es ist leider dazu wenig Hoffnung vorhanden. Der Sinn des Bauern ist auf Nichtsthun und Schnaps gerichtet.[1]) Der Sinn der Städter geht auf Ausbeutung des Nebenmenschen (— unbegrenzte Erwerbsgier ohne Arbeitslust! —) und auf Verschwendung und der Jude steckt alle in seine Tasche. »Jedes Land hat die Juden, die es verdient«, sagt C. E. Franzos. Wenn dies wahr ist, und Vieles spricht dafür — so mag Jeder für unseren Fall die Consequenzen selbst ziehen.

[1]) Sowohl Rumänen als Ruthenen sind ohne Zweifel in hohem Grade culturfähig und ihr gegenwärtiger Zustand ist nur aus der Geschichte zu erklären. Insbesondere möchte ich auch hier von den Weibern bestätigen, was Henke (l. c. S. 134) von denselben in Rumänien sagt, dass sie viel reger und fleissiger sind als die Männer. Ob sie hier wie dort in Folge der männlichen Trägheit überarbeitet werden, kann ich nicht entscheiden. Auffallend ist es, dass, während nach der Zählung von 1869 in den im Reichsrath vertretenen Ländern auf 100 männliche Einwohner der Civilbevölkerung 106 weibliche kamen, in der Bukowina sich beide Geschlechter numerisch ganz gleich gegenüberstanden (1000 : 1000.5) und dass man nicht selten eine 24jährige Bäuerin für ein altes Weib hält und nur zweifelt, ob sie 45 oder 50 Jahre alt sei. Doch kann dies auch auf ganz anderen Gründen beruhen.